给孩子的毅力培养手册

帮助孩子培养成长型思维和提高抗压能力

[美] 艾丽莎 · 尼博森
Elisa Nebolsine

著

薛玮——译

The Grit Workbook
for Kids

CBT Skills to Help Kids
Cultivate a Growth Mindset & Build Resilience

湖南教育出版社

献给我亲爱的艾丽（Ellie）、莱利（Riley）、

奇奇（Kiki）和尼克（Nick）。你们是我的最爱。

本书所获赞誉

很高兴艾丽莎·尼博森写了这本关于如何培养孩子毅力的书。艾丽莎是一位出色的心理治疗专家，她以浅显易懂的方式向孩子们介绍了认知行为疗法上一些最为重要的概念。本书将教会孩子们很多实用的技巧，这些技巧可以帮助孩子们培养毅力和提高抗压能力，具体包括自我评价、解决问题、与自我对话等认知行为方法，还包括沉浸式冥想、压力管理等放松技能。艾丽莎在书中给孩子们设置了许多练习，她鼓励孩子们行动起来，而且，书中还列出了相应的表格供孩子们记录自己在各个方面取得的进步。《给孩子的毅力培养手册》是一场与孩子的对话，它的语言清晰直接，不仅没有说教的意味，反而能让孩子备受鼓舞。书中的插图生动有趣，孩子们读起来毫不费力。这本书的优点很多，我认为它一定会受到读者的欢迎，成为儿童自我成长类书籍中的重要品种。

——威廉·斯蒂克斯鲁德博士（William Stixrud, PhD）

临床神经心理学家，《自驱型成长》一书的共同作者

《给孩子的毅力培养手册》一书为焦虑、抑郁、孤立、自我怀疑以及低自尊的孩子们提供了很好的帮助。在生活中辨别有毅力的表现并加以训练、培养，这真是一个天才的想法！这本实用而有趣的书为我们提供了大量的学习思路和训练方法。艾丽莎有着丰富的工作经验，可以以一种风趣幽默的口吻引导孩子们进行行为认知练习，她的书也一定可以帮助他们获得积极的改变。非常高兴有机会听她分享这些新颖的理念和策略。

——伊莲娜·吉尔博士（Eliana Gil, PhD）
美国弗吉尼亚州费尔法克斯县
吉尔创伤修复及教育研究院创立者、合作人及高级临床研究顾问

对所有需要跟孩子打交道的人而言，无论是父母、老师还是监护人，这本指导手册都是无价之宝。它以清晰明了、浅显易懂的方式教给孩子们不可或缺的技能，帮助他们增强自信，提升能力，从而能在社交、学术、运动等人生的方方面面获得成功。书中的学习资源相当丰富，读者们千万不要错过。

——贝思·塞尔希多博士（Beth Salcedo, MD）
美国焦虑抑郁研究协会前主席，
罗斯中心医疗顾问

《给孩子的毅力培养手册》为我们提供了基于实证的重要实操策略，可以帮助孩子们培养坚韧的意志，学会正确看待事物，提升问题解决技巧。全书解释清晰，阐述生动，活动丰富。每个孩子都能从锻炼自己的毅力的过程中获得成长！

——玛丽·奥尔沃德博士（Mary K. Alvord, PhD）

心理学家，《积极思维力：青少年走出消极思维的行动计划》

一书的共同作者

艾丽莎·尼博森的《给孩子的毅力培养手册》堪称杰作。孩子和父母都可以从这本书中获益良多。艾丽莎以通俗易懂的方式，为读者们解释了成长型思维和抗压能力等复杂的概念，在阐述情感脑科学基础知识时，艾丽莎尽量避免使用专业术语，以便普通读者理解。每介绍一个新的概念，作者都会设计与之匹配的实操练习，以帮助训练技能。层层升级的技能，形成了一套有效的工具，助力孩子们在应对日常压力的过程中获得成长。这本书的问世无疑是儿童自助类书籍的又一幸事。

——加里·范登博思博士（Gary R. VandenBos, PhD）

心理健康服务医师国家注册中心高级顾问，

《把一切留在办公室》一书的共同作者

《给孩子的毅力培养手册》是一本非常出色的书！它给孩子和父母提供了巨大的帮助。它的内容编排合理，语言轻松诙谐，为读者们提供了大量的有用信息和实操训练。书中的插图更是锦上添花，为练习和解释部分增添了不少生气。本书重点关注如何培养毅力，如何进行抗挫训练，如何形成成长型思维，同时也为孩子们应对日常挑战和压力给出了针对性的训练。只要你的工作需要跟孩子打交道，这本书对你就很有价值，无论你是否有一套自己的方法。我盼望能尽早把这本书应用到自己的工作中去，我也希望所有的家长都能看到这本书，从而帮助自己的孩子培养在面对困境时的坚韧毅力。这本书一定会大受欢迎！

——简·阿农吉亚塔博士（Jane Annunziata, PsyD）
美国弗吉尼亚州麦克莱恩的临床心理学医生，
《害羞的面条和兴奋的鸡蛋：儿童情感菜单》一书的共同作者

目 录
CONTENTS

序 言

　　如今的孩子们面临着来自各方面的巨大挑战，焦虑症和抑郁症的发病率都在不断攀升。无论在学校或家庭生活中，还是在运动场上或各种活动中，增强毅力都可以帮助他们更好地应对日常生活中的困难和压力。艾丽莎·尼博森通过这本书告诉读者，孩子们不仅可以学会用毅力来更好地应对生活中不可避免的困难，也可以学会通过培养毅力来获得更好的抗压能力。本书先以引导的方式，帮助孩子们发现自己的毅力潜能，增强他们的自信，然后和孩子们一起探讨培养毅力有哪些技巧，最后为孩子们介绍了切实有效的方法，鼓励他们在生活中使用这些技能。这是多么好的学习资源啊！

　　本手册的内容是以认知行为疗法为指导原则撰写的。认知行为疗法是建立在实证研究基础上的心理治疗方法，在成人及儿童的心理治疗方面，它一直被视为黄金法则。我的父亲亚伦·贝克博士

（Aaron T. Beck, MD）于20世纪70年代创立了认知行为疗法，他认为，那些去看心理医生的人也应该学习认知行为疗法，并把它运用到实践中。大概几十年前，心理医生们对这一疗法进行了调整，用以治疗儿童。多年的研究结果表明，该疗法对儿童是确实有效的，而且其效果持续时间长、影响范围广，疗效非常显著。

我在事业刚刚起步时，需要面对很多残障儿童。我发现这些孩子大部分都缺乏毅力，如果当时能有这本书的帮助，事情会容易很多。认知行为疗法非常适用于培养毅力。很多时候，消极的心态并非是由真正的困境造成的，而是源于我们内心对于某一事件的认知方式，这就是认知行为疗法的核心思想。当我们感到"压力山大"时，对于事件的认知（即脑中对此事件产生的第一反应）往往是不准确的，甚至是有害的。一旦我们能换个思维方式，那么我们的感受以及行为方式都会随之发生改变。毅力的形成离不开坚韧的品质，可大部分人面对困境时的第一反应往往是想放弃。只有持之以恒地练习，我们才能改变自己的反应方式，避免半途而废，在困境中坚持到底。认知行为疗法提供了一系列的技巧训练，帮助人们实现这样的转变，而这本书教给孩子们的，则是其中最关键的部分。

《给孩子的毅力培养手册》为所有需要接触孩子的人——父母、老师、医生以及其他儿童看护者或医疗工作者——提供了重要资源。它以清晰易懂、生动有趣的方式引导孩子们掌握在毅力培养中必不可少的技巧。通过精心设计的趣味练习，孩子们可以学会并逐渐内化这些技能。

希望你能用这本书来帮助你身边的孩子。在童年时期掌握这些技能,他们才能有足够的毅力来应对现代生活中的各种意外状况和不断升级的挑战。而且,我也相信,关于个人的成长你也一定能从这些创意十足的想法和技能中受益。

——朱迪思·贝克博士(Judith S. Beck, PhD)

美国贝克认知治疗与研究中心主任,

费城大学心理学与精神病学系教授

写给父母

○ ○ ○ ○

你的孩子在遇到困难时，会轻易放弃吗？他（她）是不是很容易情绪失控或钻牛角尖？如果你的答案是肯定的，这本书就是为你准备的。

做孩子真不容易！他们要面对越来越高的要求：学习时间要延长，参加的活动要丰富，可休息玩耍的时间却越来越少了。孩子们的压力越来越大，面对的挑战也在升级，他们既要应付眼前的学习，又要为将来的发展做准备，因而常常身心俱疲。

你可能已经从生活经验中体会到了毅力的重要性，目前的研究结果也支持了这一观点。国际著名心理学家安吉拉·达克沃斯教授以及其他学者在这方面做了许多研究。他们的研究结果表明，智商与天赋并不是成功的决定因素，能让人在困境中坚持下去的毅力才是最重要的品质。毅力可以让成人和儿童在生活的方方面面受益。

而身为家长的你，只要付出坚持不懈的努力，不仅可以让自己进步，也可以为孩子做出榜样，更好地帮助他培养毅力。

毅力可以让一个孩子不畏困难，坚定地向着自己的目标前行。他们知道，要想获得成功的喜悦，必须付出更多的努力，忍受更多的困苦。有的孩子希望自己能考个好成绩，有的孩子想筹划一次成功的团队旅行，有的则决心搭一个漂亮的树屋，不管他们的目标是什么，毅力都是整个过程中至关重要的因素。

我们身为家长，当然希望孩子们不要经历太多的挫折，我们不忍心看他们吃苦，但这并不现实。事实上，如果孩子的成长之路没有经历诸多波折，反而会成为他们的劣势。学会在挫折和失望面前如何积极应对，更有利于他们的心理健康。

所幸毅力并非完全天生，孩子们可以通过后天的练习提升毅力水平（成人也一样）。通过技巧训练，孩子们可以改变思维方式，更快地从逆境中恢复。为此，本书设计了 28 项有趣的活动，希望能给孩子们的毅力培养提供一些素材、策略和思路。这些活动包括：

- 增强耐力（通过改善睡眠和饮食、合理锻炼、放松练习来增强自身耐力）
- 正确看待问题（准确分析形势，关注正面信息）
- 保持乐观（通过训练大脑，提升在挫折中维持乐观心态的能力）
- 解决问题（分析问题，思考方案，做出选择，付诸行动）

- 处理意外（了解事物的不确定性，适应和接受意外状况）
- 灵活应对（及时调整思路，改变做法）
- 坚持自我（坚定自己的需求和目标）
- 建立良好人际关系（学会与他人沟通，获得帮助）
……

孩子们既可以独立完成这些活动，也可以由家长配合完成。如有需要，家长可协助孩子在下列网址上获取相关内容的电子版: http://www.newharbinger.com/45984。

尽管本书前后活动的设计互有关联，但你也可以随时回顾之前的部分，或直接选取需要的内容进行练习。

毅力并不能帮助我们避开生活中的挫折，却可以赋予我们坚持的力量，避免让人生止步于困境。孩童时期是培养毅力最好的阶段，一项技能掌握得越早，越有利于习惯的养成。这本手册将为孩子和关爱他们的父母以及其他支持孩子的大人提供必要的帮助，帮助孩子获取毅力这一人生必备的技能。

写给孩子
○ ○ ○ ○

　　你是否也曾被困难打败过？别人轻而易举就能做到的，你却要花很长时间，甚至努力了一场，到头来结果仍然是失败。虽然你也知道，坚持才是正确的选择，但你会不会常常冒出想放弃的念头？你是不是总也想不明白，为什么对别人而言易如反掌的事，到了自己手上却变成了不可能完成的任务？

　　如果是这样的话，这本书正适合你。也许你希望能变得更加自信，希望能获得在困境中坚持不懈的能力，希望自己的计划不再半途而废，如果你有这些想法，这本书都可以助你一臂之力。这是一本帮助你培养毅力的书。

　　从这本书中你会了解到一些培养毅力的练习方法。这些练习是层层递进的，所以你最好从头开始，逐步推进。这就像学习一种新的乐器，首先你得了解正确的使用姿势，再学习如何使之发声，接着再学习如何奏出不同的音符，最后你才能把这些音符连成一首曲子。这本书里的内容也一样，你需要循序渐进，才能掌握提升毅力的技能。

但这并不是说，每一个环节上花的时间都得一样多。很可能，有些部分你已经掌握得很好，而有些部分还不够熟练。这种情况下，你完全可以快速略过自己擅长的部分，而在需要提升的部分补充些额外的练习。

要想培养毅力，我们得经常练习才行。在生活中学以致用，实践得越多，毅力提升得也越快。练习的过程不一定顺利，但我相信你一定可以完成，付出的努力总会得到回报——你会变得更有恒心，不再轻言放弃；你会更关注自我的成长，不用再活在别人的阴影中——毅力会让你变得坚强，更加自信。

本书中提到的活动会涉及一些网络素材，你可以让父母帮助你在相关网站注册下载。如果你觉得独立完成部分内容有困难，也可以向父母或老师寻求帮助。实际上，学会向他人寻求帮助也是毅力锻炼中很重要的一环。

你也许还想知道，完成整本书的学习之后，你是不是就可以勇攀高峰，面对万般苦难也不怕了？对于这个问题，我没法给你答案。要知道，毅力并不会让你变得无所不能，你需要学习的是如何成为更坚强的自己。每个人表现坚强的方式不尽相同，有的是能够战胜作业中的难题，有的是可以学会一项新运动，有的是敢于迎接新的挑战。和勇攀高峰的人相比，能够做到这些的人不也一样令人钦佩吗？

在阅读本书时请你一定记得：付出更多的努力，才能收获更多的毅力。

你一定可以!

活动 1
了解毅力

莱恩想在学校的舞台剧里担任主角。他花了很长时间练习，把台词背得滚瓜烂熟。可结果他还是落选了，仅仅得到了一个只有三句台词的村民角色。他很失望。

然而，他并没有放弃，他下决心要成为全剧中演得最好的村民。他精心准备服装，每天对着镜子练习，甚至还尝试用不同的方式来表演——或激动、或温柔、或滑稽、或严肃，他还尝试配上不同的肢体语言。莱恩演技上的进步引起了老师的注意。表演结束后，老师鼓励他去附近的儿童剧院试试有没有合适的机会。现在，莱恩不仅参加了表演课程，还获得了更多的舞台机会。我们在莱恩身上看到的就是毅力——失望之后依然可以坚持的能力。

你需要了解的

毅力听上去是个有趣的词，却是人生必学的一项重要品质。有毅力的孩子在面对困难时，虽然也想过放弃，可最后都能坚持下来。一位叫安吉拉·达克沃斯的学者对这个问题进行了多年的研究，她发现有毅力的孩子更能坚持，更相信努力的力量。她的研究也表明，天分并不是成功的必备条件。

当然，毅力部分是天生的，有些人生下来就比其他人更有毅力，不过这并不重要。即使你天性有些懒散，也可以通过锻炼提升毅力水平。培养毅力跟学习运球、画画或练习书法一样，通过练习，你也能学会，而且练得越多，掌握得越好。你会逐渐变得更有恒心，更坚强，更自信，即使遇上挫折，也不会轻易放弃。

莱恩就是这样一个例子，你也可以变得和他一样。其实你已经在做了！回忆一下，你是不是曾经也有过放弃的念头，可最终还是坚持了下来？

也许你曾经……

- 考试时虽然很想立刻交卷冲出去，可依然耐着性子检查了一遍。
- 坚持跑完学校的长跑，虽然一点也不想去。

- 参加了一次派对，尽管这种派对让你感到很紧张。
- 参加了某运动队或戏剧社的选拔，即使你心里很害怕。

能让你这么做的正是你的毅力。虽然这些都是小事，但它们也是毅力的体现。每个人总有不想做的事或者不敢做的事，它们或许令你望而生畏，但只要一直坚持，你一定会变得越来越有毅力。

请你做一做

在以下的故事中，你觉得哪些孩子表现出了毅力？

凯特琳刚刚学会玩滑板。她滑得还不是很好，但一直在进步。她每次都会找一个安全的滑行地点，并佩戴好护具。可有一天她还是绊倒了。她的腿蹭破了，看样子第二天可能还会有淤青，幸好戴了护具，所以伤得并不严重。妈妈跑过来关心她，凯特琳回答道："没关系。我的腿有点疼，但应该没事的。我还想再练一会，可以吗？"

摩根刚参加的足球队有个很凶的教练。他冲着所有的队员高声吼叫，摩根心里有些害怕，她不想参加每天的训练了。她告诉爸爸自己想退出，爸爸建议她考虑一两天后再做决定。摩根很喜欢足球，她只是害怕教练吼人的样子。于是再三考虑后，摩根问爸爸能不能陪她一起去和教练谈谈。爸爸同意了，陪她一起和教练进行了沟通。

马特面临着学校里一次重要的考试，他非常紧张。题目会不会答不出来？会不会考不及格？当马特看到第一道题目时，他更担心了，他根本不知道该怎么答。第二题也一样。他几乎听到了自己的心脏怦怦跳的声音，他敢肯定，自己是没希望通过这场考试了。他真想在卷子上胡乱写一通，然后交卷走人。明知考不过，还坐在这儿干什么呢？可是，他并没有那么做，他深吸了一口气，决心要拼尽全力，完成考试。他冷静下来，把剩下来的那些自己会的题目都认认真真地答完了。

你是不是三个孩子都选了？如果是这样的话，你真的很棒。确实，这些孩子都表现出了毅力。要知道，有时候毅力是通过一些重大的事件体现出来的，那种毅力谁都能一眼看得出，可有时候毅力却是通过一些琐碎的小事体现出来的。但无可否认的是，正因为有了毅力，这些孩子才坚持完成了自己想做的或者必须做的事情。

活动 2
你的毅力有多少？

苏茜要疯了！她刚输了足球队的比赛，又累又热，护腿也找不到了。爸爸妈妈催她快点上车，否则就来不及赶回家准备姨妈的生日宴了。苏茜爆发了，她大叫着哭了起来。苏茜哭泣的那一刻确实显得不是很有毅力。事实上，她一直很挣扎，她觉得自己没有毅力，总是很容易放弃，也很容易受到坏情绪的影响。

你需要了解的

有一些人确实更有毅力，而另一些人似乎总是毅力不足，这其实没有关系。毅力就和肌肉一样，需要锻炼。那么如何锻炼肌肉呢？你可以通过做俯卧撑来锻炼胳膊上的肌肉，也可以用跳绳来增强腿部肌肉。锻炼毅力和锻炼肌肉差不多，通过努力的练习可以帮助你进步。

请你做一做

为了帮助你更好地了解自己的毅力水平，请完成下面这张表格。阅读左栏中的描述，并在右边标注出最符合你的情况。例如，如果你不喜欢挑战，你可以在"完全不符"这一栏的空格里写上"0"；如果你非常热爱面对挑战，则在"非常符合"这一栏里写上"3"。

把你每一列得到的分数相加后写在下面的"总分"栏里，然后再把所有"总分"相加得到"总积分"。

	完全不符（0）	比较符合（1）	符合（2）	非常符合（3）
我喜欢挑战！				
我的计划总是虎头蛇尾。				
我喜欢完成困难的任务。				
事情如果没法做好，我就想放弃。				

续表

	完全 不符（0）	比较 符合（1）	符合 （2）	非常 符合（3）
我的爸爸妈妈和老师评价我很努力。				
我认为练习没有用，不值得花时间。				
总分				
总积分				

计算你的积分，如果总积分在 16 分以上，说明你的毅力水平已经很高，当然，你还可以利用这本书做得更好！

如果你的总积分在 15 分或者 15 分以下，这说明你需要更多锻炼来培养自己的毅力，这本书可以给你提供一些建议和帮助。

不管怎样，我们都很高兴这本书可以成为你培养毅力过程中的良师益友。

活动3

测量你的毅力水平

杰克逊这周很不顺利。星期一，他因为上课做不出数学题，结果跺脚冲出了教室。星期二，他因为回家做不出数学作业又惹了麻烦，他跟妈妈说他不想做，因为数学题太难了。星期三，他终于想明白了，这些数学题他必须得搞懂。他趁着课前和午休时间向老师请教，经过一次次的努力后，他终于会做了。

你需要了解的

任何人的毅力水平都不是一成不变的。杰克逊这周刚开始时似乎一点毅力都没有，可到了周三，他表现出的毅力就很值得称赞了。

我们的毅力水平总是一会儿高一会儿低，就跟户外的温度一样。虽然我们没法像天气预报那样准确预测出自己的毅力水平，但我们可以试着了解自己在什么时候更有毅力，什么时候很难坚持下去。

下面这张图是一个毅力计量仪。你可以用它来测量你的毅力水平。了解了自己的毅力水平，你就可以知道自己什么时候非常有毅力，什么时候毅力有待提升。关注自己的毅力水平，你更容易发现自己的不足之处。

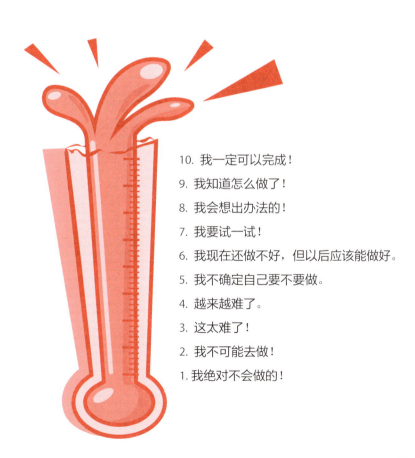

10. 我一定可以完成！

9. 我知道怎么做了！

8. 我会想出办法的！

7. 我要试一试！

6. 我现在还做不好，但以后应该能做好。

5. 我不确定自己要不要做。

4. 越来越难了。

3. 这太难了！

2. 我不可能去做！

1. 我绝对不会做的！

请你做一做

我们来试试这个毅力计量仪，它是这么使用的：假如杰克逊在星期一冲出教室的时候测量了一下自己的毅力，那一定是第一级"我绝对不会做的！"；星期二他拒绝做家庭作业，那么他的毅力应该是第二级"我不可能去做！"；但是到了星期三，他向老师寻求帮助，并且耐着性子弄懂了题目，他的毅力值应该达到了10："我一定可以完成！"这三天的时间里，杰克逊的毅力值经历了很大的波动。

也许在过去的一周，你曾表现得很有毅力，例如体育课上坚持完成了30个仰卧起坐，或是努力背下了家庭作业中的所有单词。请你回忆这样的时刻，在测量仪上找出对应的毅力数值并记录下来。

毅力值：_____

现在再回忆一下过去一周中你有没有觉得坚持不下去的时刻，比如考试没考好，比如课间玩游戏的时候你第一个被淘汰出局。别怕丢脸，因为每个人都遇到过这样的情况。试着回想一下这种情况，然后把你当时表现出的毅力值记录下来。

毅力值:＿＿＿＿＿＿＿＿＿＿＿＿＿

现在你已经掌握了毅力计量仪的使用方法，你不妨先用上一个星期看看。

在记录的过程中，你需要同时记录：

- 当时发生了什么
- 你的表现在毅力计量仪上对应的数值
- 你当时的想法是什么

你可以利用以下表格帮助你记录，也可以在网站（http://www.newharbinger.com/45984）上获取毅力计量仪及表格的电子版，当然你也可以寻求大人的帮助。

时间、地点	发生了什么?	毅力值	我当时怎么想的?
周日晚餐的时候	我需要完成作业，可我不想做。我还是逼着自己完成了。	8	"你可以做完的。赶紧做完就没事了。"

活动 4

谁是最有毅力的人？

杰克是班上最矮的孩子，实际上在全年级他也是最矮的。很多人都觉得，他这个身高根本当不了运动员，但他的毅力值和他的身高显然不是同一个水平。

杰克去踢足球，队里的其他孩子都比他高、比他壮。他当然明白，自己的身高和体重暂时不可能有多大改变，但这并不表示他成不了最好的球员。他每天坚持练习，针对自己薄弱的部分还会做专门的训练。他的努力得到了回报，他成了球队和学校最受欢迎的前锋。杰克个头很小，可毅力一点也不少。

你需要了解的

你也许听过"人不可貌相"这句话，所以你应该知道，外表并不能决定一个人的毅力水平。有的人看上去肌肉发达，身体强壮，可一遇到挫折，立刻就举手投降。有的人看上去安静害羞，可每次碰上别人避之不及的困难时，却表现得韧性十足。毅力水平是由一个人的思维方式和行为方式决定的，不是由他的外表决定的。

请你做一做

还记得白雪公主故事里那个问魔镜"谁是世界上最美丽的人"的老巫婆吗？如果你也有机会问魔镜谁是世界上最有毅力的人，你觉得它会给出什么答案？你能想到的最有毅力的人是谁？他（她）不是你身边的人也没关系，但你想到的这个人一定把毅力用在了最需要的地方。

把他（她）的名字写在下一页的镜子里，再写上几句话，或画一幅画描述他（她）如何表现出了毅力。请记得，毅力和强壮的外表是两码事。

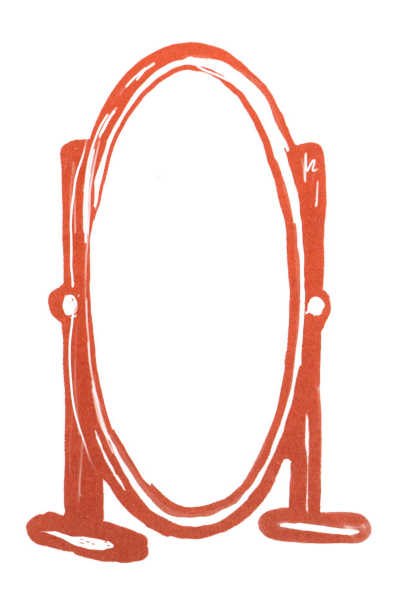

再来做一做

如果你是个超级有毅力的人，你会怎样描述自己呢？圈出你觉得合适的形容词。

勇敢	兴奋	快乐
强壮	害怕	满足
坚定	自信	怀疑
充满希望	紧张	焦虑
热情	骄傲	喜悦

另找一张纸，写下你选择的词，并在上面画上几笔，以体现出这个词给你怎样的感受。例如，如果你选择了"强壮"，可以在这个词的边上画一些肌肉。如果是"快乐"，你可以加上些阳光洒落的线条。在下面的图里，你可以看到一个在"勇敢"（brave）这个词上画上几笔的例子。

活动 5

毅力大发现

··

　　莉莉喜欢粉色。她的鞋是粉色的，衣服是粉色的，连用的东西也都选粉色的，她身边的一切似乎都是粉色的。可路上为什么看不见粉色的车呢？这让她很失望。世界上怎么可以没有粉色的车呢？她开始四处留心起来。好家伙！一下子冒出来好多粉色的车啊！原来自己的身边其实有很多粉色，只是她之前没有注意到而已。

你需要了解的

　　毅力也一样。它有时很醒目，有时却很难找到，有时候你一眼就能发现它，有时候你得仔细观察才能注意到。可只要有了一双关注的眼睛，你就会经常发现它的身影，任何地方都可能有它的存在。更棒的是，当你开始关注身边无处不在的毅力时，你也会开始培养自己的毅力。接触到的毅力越多，你越有可能成为有毅力的人。我们把这个技巧叫做"毅力大发现"。

寻找毅力是件很有趣的事。你可能会注意到，小松鼠不把食物从喂食器里弄出来绝不罢休，这是一种毅力；妹妹铆足劲儿学骑车也是一种毅力。毅力真是无处不在，只要你开始寻找，每个地方都能看到它。

请你做一做

准备好了吗？我们开始寻找吧！你可以用以下表格开始你的"毅力大发现"之旅，你也可以在相应的网站（http://www.newharbinger.com/45984）上找到电子版。当然你也可以自己画一幅，或是向别人寻求帮助。

毅力大发现

在学校
我看到我的同学在

_____
_____
_____
_____

的时候表现出了毅力。

在家里
我发现

_____
_____
_____
_____

的时候很有毅力。

在大自然中
我注意到

_____
_____
_____
_____

的样子很有毅力。

在我的身上
当我

_____
_____
_____
_____

的时候，我也很有毅力！

活动 6

大脑能变得更强大

你需要了解的

　　吱吱是一只小老鼠。他住的地方有很多的书、拼图和攀爬架。他每天都会尝试一个新的活动或者拼出一个拼图。

蓬蓬也是一只小老鼠。他住的笼子里东西少得可怜。每天除了玩游戏，他什么正事儿也不干。要是他有"抖音"的话，我想他可能会躺在沙发里玩上一整天。

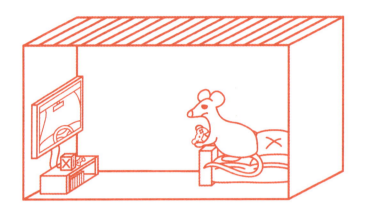

有件事你可能没想到，吱吱的大脑比蓬蓬的要重，因为他的脑袋里有更多的神经连接。这些神经连接不是天生的，而是通过后天的练习建立的。也就是说，吱吱通过尝试各种不同的挑战，让自己变得更聪明了。

老鼠可不是唯一可以变聪明的生物，人类也可以。以前人们认为，人的智力同身高、眼睛颜色一样，成型后是不可以通过后天改变的。但科学家们发现事实并非如此，我们确实可以通过后天的锻炼来提高智力水平。

大脑和肌肉一样，通过重复并且有挑战性的练习，可以变得更强大。因此如果我们能坚持让自己学习一些有难度的内容，我们的大脑就会变得越来越聪明。

请你做一做

在下列问题前的横线上回答"是"或"否"。

_____ 回想一个你的同学或朋友中的滑板高手。在你的印象里，他（她）是不是随时都带着滑板？

_____ 回想一个弹琴弹得很好的同学或朋友。你是不是常能看到他（她）在练琴？

_____ 回想一个你的同学或朋友中的体操健将。他（她）是不是没事就会来几个侧手翻？

_____ 回想一个阅读能力很强的同学或朋友。设想一下，如果你现在去找他（她），他（她）是不是手里准拿着一本书？

_____ 回想一个你的同学或朋友中的魔方大师。他（她）是不是常年魔方不离手？

大部分的问题你是不是都回答的"是"？如果是这样的话，你应该可以明白练习、学习和技能之间的关系了吧？所以，一直躺在沙发上的蓬蓬是永远不可能赢得滑板比赛的。想要进步，想要大脑变得更强大，你得先爬起来练习。

活动 7
简单了解你的大脑

你需要了解的

吱吱和蓬蓬的大脑都很善于学习，也能建立更多的神经连接，你的也是！准备好了吗？让我们一起继续探寻大脑运作的秘密吧！

猜猜你的大脑有多重？是一只豚鼠那么重，还是一只猫那么重？如果你的答案是豚鼠，那你猜对了，你的大脑大约有三斤重，差不多是一只豚鼠的重量。不幸的是，你的大脑长得可没有豚鼠那么可爱……

你见过真正的大脑吗？它灰灰的一团，上面布满了沟壑。尽管大脑长得不太好看，可它却相当厉害，大脑里有两个区域直接和毅力有关，分别叫杏仁核和前额叶皮层。这两个词听上去很晦涩难懂，但你可以把它们想象成动物，这样理解起来就会容易一些。

我们先从杏仁核说起。看到下面这只小狗了吗？我们叫她杏仁核安妮吧。安妮是一只很乖的小狗，它总是为你着想，保护你的安全。可糟糕的是，有时候她太在意你的安危了，以至于她会大声吼叫，甚至命令你干出些傻事来。

杏仁核安妮不太会分辨真正的危险（比如一只可怕的棕熊）和暂时的压力（比如一次重大的考试）之间的区别。每当她叫的时候，她就开启了全面防御模式，不会思考，只做反应。当你碰上的是一只真的棕熊时，这种模式当然很管用，你可以不假思索，拔腿就跑，不过如果碰上的是考试，不会思考可就很糟糕了。

我们需要了解的另一个大脑区域是前额叶皮层，我们管他叫皮特吧。皮特是一只聪明的猫头鹰，很善于解决问题、做决定和给出建议。

  我们在考试、学习一种新技能或进行深度思考活动时都需要用上皮特。皮特很聪明，很有条理，也很擅长管理。当我们表现得冷静而克制的时候，就是他在掌管我们的大脑。

  我们希望皮特来掌管我们的大脑。他可以帮助我们完成作业、记忆信息、有礼貌地和别人相处、整理思路，以及做出更理智的决定。皮特是形成毅力的关键，他可以让我们不做出格的事。当然，杏仁核安妮也很重要，尤其是当我们遇到像棕熊这样真正的危险时，但真正的思考者是皮特。安妮和皮特住在我们大脑里的不同区域，从下面这张图里你可以了解他们的位置。

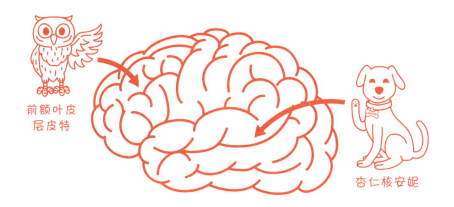

前额叶皮
层皮特

杏仁核安妮

　　前额叶皮层有能力帮助我们改变大脑，而这种改变多数是在自我挑战的过程中发生的。皮特很喜欢我们犯错误，这样他就可以从错误中学习、获取新的信息和技能，帮助大脑变得更强大。你还记得我们之前提到的吱吱和蓬蓬吗？

请你做一做

判断以下说法的正误，并在横线处写下你的答案。

_____ 我们的大脑和一只豚鼠差不多一样重。

_____ 前额叶皮层是负责做决定的。

_____ 杏仁核的作用有点像只看门狗。

_____ 我们的大脑可以被改变。

_____ 参加有挑战性的活动可以让我们的大脑更强大。

你的答案是不是都是"对"？做得太棒了！你已经了解了大脑的工作方式。这些知识看上去很简单，可有很多大人都不知道呢。我们以前一直认为大脑是一个比较固定的状态，没想到它们一直都在变化，尤其是在你年轻的时候！

战斗、逃跑或是原地不动?

你需要了解的

设想一下你正身处一个危险的环境: 一只凶猛的老虎正扑向你! 这个时候你是选择做作业呢, 还是逃跑呢? 当然是逃跑啊!

你这么做是有原因的：杏仁核安妮正在守护着你。她很清楚，在这样危险和紧急的情况下，保命显然比做作业更重要。这个时候，安妮才不会理会前额叶皮层皮特的想法，说实话，她压根不会让这些信息传递到皮特那里。我们不会对着一只正在攻击自己的老虎若有所思，绝对不会！我们要做的就是想办法活下来。

这老虎的毛看着真柔软啊。

当我们身体里的安妮感觉到危险的时候，她会按下警报按钮，然后开始狂吠。这些动作会把信号传递到身体各个部位，我们随后可能就会做出下面列出的某种反应：

- 用反击的方式保命。
- 赶紧跑……立刻！
- 原地不动，这样它就注意不到我了。

你可能之前就听过"战斗或者逃跑"这种说法，最近这种现象又被加上了第三个选择，我们称之为"战斗、逃跑或是原地不动"。不管你的身体用哪种方式来反应，我们的大脑都是为了在危险的环境下保证我们的安全。

可这里出现了一个有趣的小问题：在我们睡眠不足或者非常饥饿的时候，大脑容易反应过度。这种来自杏仁核的过激反应还是有好处的。举个例子，在你很累的时候，杏仁核安妮可能会想："我们的艾玛今天太累了，她做什么都很慢。我得帮帮她，在可能出现问题的时候动作得尽量夸张一些，这样她就安全了。不管发生什么事我都要拼了命地叫。"

安妮是想帮忙的，可我们的大脑在这种神经质的情况下很难正常运转。在我们饿的时候或是缺乏锻炼的时候都会这样。安妮只会更努力地保护我们，在并非紧要的关头做出一些过激反应。

这种反应过度带来了另一个问题：安妮的紧张阻止了信息顺利传达到皮特那里。她绕着树不停地大叫，皮特根本听不见，也看不见到底发生了什么，自然也没法帮助我们理智地思考和判断，而这正是我们此时此刻最需要的。

为了锻炼毅力，我们必须让安妮安静下来，这样前额叶皮层皮特才能弄清楚到底发生了什么。我们需要皮特的冷静、理智来帮助我们渡过难关。

请你做一做

想让杏仁核安妮停止过激反应，方法很简单：冷静。你的身体冷静了，杏仁核安妮也就冷静下来了，前额叶皮层皮特就可以收到信息了。一些特殊的呼吸方式可以帮到安妮和皮特。

盒式呼吸法是一个很有用的技能，来试试吧！

1. 用嘴慢慢吐气，尽可能吐出所有的气。
2. 用鼻子慢慢吸气，持续四秒。
3. 屏住呼吸坚持四秒。
4. 慢慢用嘴呼气，持续四秒。

这么缓慢地吸气呼气可能会有一点点难，你需要多一些练习，不过我们知道你是个敢于挑战的小朋友，所以试试看吧！

这种呼吸方式可以让你的心跳放缓，血压降低，这样人也会跟着放松冷静下来。这时候，杏仁核安妮也不再感到恐慌了。你可以在脑海中想象出安妮蜷缩起身子慢慢睡着的画面，而前额叶皮层皮特则笔直地站在高处，用他睿智的眼睛和灵敏的耳朵察验一切。

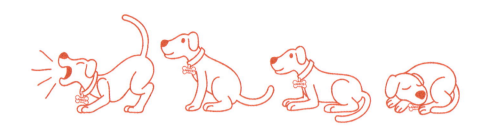

　　你可以在放松冷静的时候练习盒式呼吸法，也可以在坐车、遛狗、准备餐具，甚至躺在床上的时候练习。平时练得越多，在需要的时候就能用得越好。

　　你可以使用下表帮助记录你的练习情况，也可以在网站（http://www.newharbinger.com/45984）上下载电子版。一天练习三次，每次几分钟，完成后请在表格里打钩。

日期	盒式呼吸法 1	盒式呼吸法 2	盒式呼吸法 3
星期一			
星期二			
星期三			
星期四			
星期五			
星期六			
星期天			

描述情绪，管理情绪

  艾丽想中午在学校吃面包圈，可她准备午餐的时候却发现家里没有面包圈了。艾丽不想吃三明治，不想喝汤，她什么都不想吃，就是想吃面包圈。

  艾丽开始哭了起来。"这不公平！"她想着，"今天一定会过得很糟糕，我都不想去学校了！"艾丽一屁股坐在厨房地上，不肯起来，她哪儿也不想去。她伤心气恼，还很失望。

你需要了解的

情绪很重要，它常常掌管着我们的一切。在上一个活动中，你已经了解到大脑对不同情绪的不同反应方式：我们害怕时，大脑会努力保护我们；我们高兴时，会觉得很轻松、很有活力。那么其他的情绪呢？

告诉你一个关于情绪的小秘密：它很不可靠，甚至有时会撒谎，虽然不是每次都这样，但确实经常发生。你知道这是谁的问题吗？没错，是杏仁核安妮——想想看，就因为家里没了面包圈，她就一通乱叫。

再举个例子：你没打扫房间，妈妈很生气，不许你去朋友家过夜。你愤怒至极，冲着妈妈吼道："你总是骗我！你是世界上最坏的妈妈！"看看，你被愤怒控制了，不是吗？你说的是真心话吗？在冷静的时候，你还会这么说吗？

要想管理情绪，就得先了解它。专家们常用一种"描述和管理"的方法来帮助孩子们，这个方法听上去很简单，其实并不容易。

请你做一做

我们试试练习一下"描述情绪，管理情绪"这个方法。阅读以下句子，体会当事人的感受，并选出合适的词描述他（她）的感受：厌烦、嫉妒、尴尬、焦虑、愤怒。

1. 露西离开座位去削铅笔，她刚回到座位，朋友就向她借那支刚削好的铅笔做练习。

2. 迈尔斯很想要一顶他最喜欢的球队的棒球帽，却发现他最好的朋友戴着那顶他梦寐以求的棒球帽出现在学校里。

3. 蒂娜"喜欢"上了班上的一个同学。她写了个小纸条告诉她的好朋友，可纸条却被她"喜欢"的那个男生看到了。

4. 本熬夜做数学作业，他觉得，要是今天这份作业不会做的话，那自己的数学恐怕永远也学不好。

5. 麦迪森正参加社会学科的考试。老师看见她想题目的时候东张西望，就把她带到走廊里并说她作弊，可她实际上并没有作弊。

答案：1. 厌烦 2. 嫉妒 3. 尴尬 4. 焦虑 5. 愤怒

活动 10

想法和情绪，真的是一对好朋友吗？

吃午饭的时候，迪亚哥的朋友说自己拼写测验全对了，可迪亚哥的成绩并不理想，这让他有点生气。"他真是个混蛋！就想笑话我！"这顿饭他吃得很不痛快，迪亚哥生朋友的气，同时也觉得自己的成绩很丢人。

你需要了解的

我们的情绪和想法看上去是一对好朋友，其实并不是。情绪会让你产生一些想法，可它一点也不可靠。有时候你的情绪会变得很激动，以至于竟让杏仁核安妮启动了警戒模式，而起因只是你想吃个面包圈却没吃到。

好消息是，我们可以通过行动转变想法，这样情绪也可以随之改变。让我们一步步来。首先了解一下这样两个概念：（1）情绪是一种感受，它会让我们的身体产生一些反应；（2）想法是一种念头或者印象，是在心里会时时响起的那个声音。

改变情绪的一种方法就是转变你的想法。也就是说，你可以通过转变思维方式，让自己变得更坚强、更有毅力。当然，要掌握这个技巧需要些练习，一起来试试吧。

请你做一做

你知道什么是想法，什么是情绪吗？请圈出下列句子中的情绪词汇：

"那个小孩太让人生气了！"

"他是故意那么做的！"

"现在我不想继续旅行了！"

"我好失望啊！"

"为什么我什么事都做不好呢？"

"真希望我没那么做。"

"我很害怕。"

"如果我做不到怎么办？"

你是不是圈出了"生气""失望""害怕"这几个词？没错，这些都是情绪词汇，可你也许没注意到，那些描述想法的句子其实也表达了某种情绪。例如，"他是故意那么做的！"这句话表达了愤怒，而"真希望我没那么做"这句话则表达了后悔和羞愧。

我们的想法和情绪的产生过程是这样的：

1. 你首先感觉到某种情绪在你体内膨胀。你会产生一些身体上的反应，例如心跳加速，或是恶心反胃。

2. 接着你的大脑会试图搞清楚这种情绪。

3. 于是你的大脑产生了一个想法用于解释这一情绪。

所以，如果你想理解自己的情绪，就需要先弄清你的想法。

活动11
识别你的想法

你需要了解的

　　我们每时每刻都在产生想法，现在也不例外。你在看着这段话时，也许在想"嗯，这很有趣"或是"我想吃苹果了"。我们很难注意到脑海中闪现过的所有想法，这当中有一种叫"自动思维"的想法尤其狡猾。

　　正如它的名字所描述的，自动思维是指人们在无意识情况下产生的想法。它们飞快地在脑海中闪过，我们压根注意不到。自动思维常常和一些重要的情绪一起出现，比如翠西在曲棍球比赛里丢了一球，她的自动思维会立刻告诉她："我总是丢球，我就是什么都做不好。"这些想法出现得很快，如果我们不刻意关注，甚至完全不会意识到它的存在。但是正如莉莉发现粉色汽车一样，只要留心，你就能发现它。

可为什么要认识这些想法呢？别忘了，你的想法正是你理解自己情绪的方式，尤其是那些让你不舒服的情绪，那些你希望改变的情绪。还记得我们之前说过的吗？当某件事发生的时候，我们心里经历了这样一个过程：

我们感觉到了一些情绪。

我们试着为这种情绪找到解释。

没错，我们的思维会解释我们的情绪——可它也常常会出错！

想象一下这样的情景。电视开着，你听到播音员说："许多小兔子从农场中逃跑了！它们已经跑到了很多地方！有些可能已经在你家后院里了！"你听出了播音员低沉的嗓音中惊慌的语气。他说你家院子里可能就有小兔子，就在此刻！

你害怕了！杏仁核安妮从睡梦中惊醒，开始拼命地叫。你的大脑飞快地转着，你不停地告诉自己："哦，天哪！小兔子……到处都是小兔子！我要受不了了！"

　　你的呼吸变得急促，你开始使用盒式呼吸法：深呼吸，三次，四次，五次……终于杏仁核安妮又安静了下来，前额叶皮层皮特可以睁开眼睛看看周围真实的情况了。这时候，你才意识到，嘿，小兔子呀，它们一点都不恐怖，而且很可爱。

有时候我们感到恐慌，只是因为有些事情乍一听很吓人，这时我们应该后退一步，重新思考一下事实究竟是怎样的。例如在上面的情景里，小兔子的大逃窜其实只会对它们自己造成威胁，而不是你。我们的感觉不一定是真实的，我们的想法也不一定真实。

我们给这种会产生消极情绪的自动思维方式起了个名字：负性自动思维。它们会在我们毫无防备的时候突然蹦出来，我们因此会产生一些负面的情绪，例如恐惧、愤怒和嫉妒。

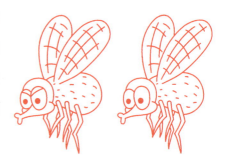

请你做一做

识别自己的负性自动思维比较麻烦，你必须得在事情发生时非常仔细地关注自己大脑中的想法，有时候你甚至无法完全确定你到底在想什么。这很正常。你可以在事后回想一下当时的情况，再猜测一下当时自己真正的想法。猜测当然不算很科学的做法，但毕竟最了解你的人是你自己，所以只能靠自己猜测了。

观察下面的图片，写出你觉得这个场景中会发生怎样的自动思维方式。

活动12

换一种想法如何?

· ·

米盖尔在生日的时候得到了一双新鞋。他太喜欢这双鞋了,迫不及待地想第二天穿到学校去。糟糕的是,第二天早上他睁开眼,却发现外面下起了雨。课间休息的时候雨停了,但操场地面还是湿漉漉的。没玩几分钟,他的新鞋就沾满了泥巴。米盖尔既难过又失望,他想:"我的鞋被毁了!我真是太倒霉了!"

米盖尔给老师看了他沾满泥巴的鞋,老师安慰他:"你至少还有双鞋穿呢。世界上还有很多小朋友连鞋子都没有。你多幸运啊!"

你需要了解的

是不是总有人告诉你凡事要往好的方面想？大人们总爱那么教育孩子。米盖尔的老师说他很幸运，虽然这也是事实，但当时这个说法并不会让他好受些。

想法的转变当然可以带来情绪的转变，可前提是，新的想法是你能接受的想法。我们所说的转变想法，不应该只是寻求积极的思维方式，也需要让想法更有实际意义。例如在上面的情景里，米盖尔的老师如果告诉他："这真是太糟糕了！你新鞋子上全是泥，我看了也很难过。要不这样，你今天回去把它们刷刷，看能不能把泥刷掉？"这样的回答也许能对米盖尔更有帮助。

米盖尔的老师说他有鞋子穿，已经很幸运了，她的本意当然是好的，可这个像彩虹独角兽一般的脱离现实的说法，显然难以让人信服，当然也起不了多大作用。

什么是"彩虹独角兽"式思维呢？它往往太过正面，也是很多人（尤其是大人们）在我们遇到困难时特别爱向我们灌输的思维方式，因为大人们只希望我们能快点忘了烦恼，高兴起来。我们来看一个典型的例子："我今天忘了带午餐。不过没关系，饿肚子正好能让我体验一下那些缺衣少食的孩子们的感受。嗯，我忘带午餐其实是件好事呢。"

你是不是已经想翻白眼了？谁会这样想？这也太荒唐了吧。

那么和"彩虹独角兽"式思维相对的是什么呢？我们就把它叫作"哭泣鳄鱼"式思维吧。"哭泣鳄鱼"式思维常在我们心情低落的时候冒出来，我们很容易就会陷进去，因为它们看上去更有说服力。还是上面那个例子，如果用"哭泣鳄鱼"式思维，就会是这样的："我忘了带午餐，一天都得饿肚子，我得饿死了。今天太糟糕了，我的生活就是一团糟。"

"哭泣鳄鱼"式思维非常可怕，它会让一切看起来比实际情况更糟糕。

　　"彩虹独角兽"式思维没有说服力，"哭泣鳄鱼"式思维又会让你对事情过于悲观，那么能不能找到一个更实用也更乐观的思维方式呢？这种思维方式既不像"彩虹独角兽"那样脱离实际，也不像

"彩虹独角兽"式思维
100% 完美

"实用乐观"
式思维

"哭泣鳄鱼"式思维
100% 可怕

"哭泣鳄鱼"那样悲观消极。

一个实用乐观的思维方式大体是这样的："现在确实出了些问题，但总会过去的。我不高兴也很正常，但我应该可以坚持下来。"这样的想法既贴合实际，也积极乐观。

再来回想下上面提到的例子，我们试着换上实用乐观的思维方式："我忘了带我的午餐，这太糟了！我得向老师寻求帮助，这样就不会饿一天肚子了。"

请你做一做

阅读以下场景，试着以"彩虹独角兽""哭泣鳄鱼""实用乐观"三种思维方式给出不同的反应。

威尔弄丢了他的新帽衫，他知道妈妈准会发火，因为那件新帽衫刚穿没两天，现在却怎么也找不到了。他在学校的各处都找过了，也问了教练，连弟弟的抽屉都找过了，还是没找到。他准得有麻烦了！而且那件帽衫还是他最喜欢的一件衣服。

"彩虹独角兽"式思维：_____

_____

_____

"哭泣鳄鱼"式思维：_____

_____

_____

"实用乐观"式思维：_____

_____

_____

活动13
与自我的对话

　　艾丽喜欢画画，她长大后希望成为一个画家。她的空余时间都用来画画，画可爱的小动物，画漂亮的花朵，画温馨的小屋。

　　可艾丽现在还不太擅长画人物，她很清楚，画人物对一个画家而言非常重要。每次她画完人物都会忍不住想："这真是太丑了！从没见过画得这么丑的人！我永远都画不好人！"

你需要了解的

　　艾丽的这些想法不仅帮不了她，甚至会成为培养毅力道路上巨大的障碍。艾丽也想让自己用"实用乐观"的方式来思考，可她不知道该如何做，这个时候，与自我对话就是个好办法。

请你设想自己做事遇上了困难，想放弃，可又希望自己能试着坚持下去，尽管这确实不容易。这个时候如果能有个教练给你安慰鼓劲就好了，是不是？其实，你真的可以找到这样的教练——那就是你自己！你可以通过积极的自我对话来帮助自己渡过难关。

别担心，这不是让你在校园里大声地自言自语，绝对不是这样的。自我对话是在你的脑海中进行的，放心，没人会注意到你。

艾丽是这样和自己对话的。首先，她告诉自己："这次画得确实不太好，但比我上次画的那个已经好多了。"当然，这样的话用处不大，艾丽还是想放弃。她需要一些更有效的自我对话技巧，于是她这样做了：

1. 首先她把自己想象成一个真正的教练，戴着帽子，脖子上挂着口哨，手里还拿着记事板。

2. 接着她开始设想教练会怎样来鼓励自己。她要想些实际、有帮助的说法，听上去更乐观，更能鼓舞人。

3. 然后她开始练习把这些话说给自己听。她画画的时候会在脑海中练习，没人的时候她也会对着镜子说。

4. 最后，她还会在说的时候提到自己的名字。（研究表明，这种方式可以达到更好的鼓励效果。）

艾丽最后对自己说的话是这样的：

　　艾丽，你已经会画那么多东西了，没理由画不好人物。

　　艾丽，你不要着急，也别怕失败，只要坚持，我想艾丽你是一定可以做到的。

　　艾丽，你完全有能力克服这个困难。还记得上次画树袋熊的时候有多难吗？最后你也画出来了呀。这次你也一定可以的！

请你做一做

阅读以下例子，并圈出对毅力养成有帮助的自我对话方式。

1. 艾比，你做得太差劲了！这一点儿用也没有！能做好点吗？
2. 本，你在想什么呢？这都是些什么乱七八糟的！你真是什么也做不好！

3. 这确实很难，但你可以克服困难的。加油，伊娃！

4. 斯宾塞，你当然可以放弃，但这不是你唯一的选择，你还可以选择坚持。

你应该毫不费力就能分辨出哪些话对你是有帮助的，哪些不是。我们可以通过自己的感受来分辨。有帮助的自我对话会让你坚持下去，而有害的自我对话却会让你绝望并且讨厌自己。

再来做一做

让我们一起回忆一个你想放弃的时刻，我们应该都有过那样的经历。现在请把自己想象成一个教练，能想象出来吗？太棒了。你希望你的自我对话中教练和你说些什么呢？什么样的说法会对你有帮助呢？把你的答案写下来，记得加上你的名字。

场景：＿＿＿＿＿＿＿＿＿＿＿＿＿＿＿＿＿＿＿＿＿

＿＿＿＿＿＿＿＿＿＿＿＿＿＿＿＿＿＿＿＿＿＿＿＿＿

＿＿＿＿＿＿＿＿＿＿＿＿＿＿＿＿＿＿＿＿＿＿＿＿＿

你的自我对话中教练会对你说：_____

_____

_____

活动14

鼓劲"魔语"

　　汤米需要在全班同学面前展示他的科学项目，这让他很紧张。他讨厌在这么多人面前讲话，觉得自己肯定会出丑。汇报的前一晚他失眠了，第二天早上起床时，他觉得有些反胃。他当然知道自己准备得很充分，也很乐意分享自己学到的知识，但对于自己的表现他实在没有信心。

你需要了解的

　　希望自己能坚持不懈渡过难关，有时候光用一种方法可不行。上个活动中提到的"与自己对话"只是其中的一种，下面我们会提到另一种方法：准备一句能给自己鼓劲的"魔语"。

我们渴望能完成一件事，这种渴望就是人们常说的动力。有毅力的孩子总是知道，在遇到困难时怎样给自己鼓劲来保持这份动力，也就是坚持自己的初心。汤米在毅力锻炼中当然也用到了其他方法，但此时此刻他最需要一个简单有效的直接的方法，这个方法可以在他汇报之前，也就是压力最大的时候派上用场。

他决定为自己找到一句"魔语"。"魔语"是指我们在处于巨大压力下，脑中反复回荡的一个词或是句子，它能帮助我们平静下来，专注于眼前的任务。你也许听过很多人在练习冥想或瑜伽时用过这种方法，其实它在很多场合都能派上用场。

请你做一做

回忆一下，在过去的一年中你最引以为傲的两三件事情，在学校或假期发生的都可以，把它们写在下面的横线上。

成就1：_____

_____

_____

成就 2：_____

_____

_____

成就 3：_____

_____

_____

在你完成这些任务的过程中最让你感到骄傲的是什么？你怎样用毅力帮助自己达到了目标？写下一两句话，描述你为什么会感到骄傲，以及你是如何坚持下来的。

_____

_____

_____

_____

准备好写下属于你自己的"魔语"了吗？回顾你刚刚写下的内容，试着提炼出一个简单的句子来给自己鼓劲。你可以直接使用下面的例子，也可以造出自己的句子。

- 我很厉害，也很能干！

- 我可以克服困难！

- 我可以坚持！

- 我很有能力！

- 我从不轻易放弃！

- 我一定可以忍耐下去的！

在下面的方框中写下你的个人专属"魔语"。你可以牢记它，也可以把它写在纸上随身携带，形式并不重要，重要的是确保它可以派上用场。

活动15
识别"3P"思维

．．

凯蒂每天醒来的时候都很开心，她觉得今天一定会是美好的一天。她冲着父母微笑，心里期待着去学校——她就是这么一个乐观的孩子。吃早餐的时候，她会和爸爸妈妈聊起今天学校里将要发生的事，往往都是她最期待的事，例如她喜欢的画画课，还有餐厅今天中午会供应美味的比萨。

每次闹铃响的时候，艾米丽都不肯起床。她会冲爸爸妈妈发火，她害怕去学校。艾米丽更像是一个悲观的孩子。爸爸妈妈想在早餐的时候和她聊聊天，可她却说自己"不习惯早起"，所以不想聊天，只想安静地待着。她还在为昨天午餐发生的那一幕耿耿于怀，所以今天也没什么心情。

你需要了解的

　　凯蒂和艾米丽都很棒，她们都是和善而有趣的孩子，可显然凯蒂会过得更开心一些。我们会把凯蒂称为乐观主义者，但其实这里是指她的想法更加乐观，她总能以更快乐、更阳光的方式来看问题。

　　乐观主义者是指尽管事不如意，但也能保持积极生活态度的人。你听过一个"半空"还是"半满"的比喻吗？一个杯子里装了一半的水，你会如何描述它？它是"装了半杯水"还是"只剩下半杯水"？作为一个乐观主义者，凯蒂肯定会觉得它已经装了半杯水，而作为一个悲观主义者，艾米丽可能只会注意到杯子里还有一半没有装满。（注意，这两种说法都是事实，区别在于你看待它的角度。）

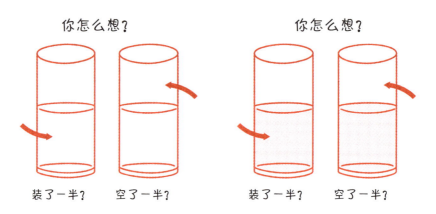

你怎么想？　　　　　　　　你怎么想？

装了一半？　空了一半？　　装了一半？　空了一半？

　　有毅力的孩子通常会选择乐观的思维方式，他们会以一种既符合事实也积极有益的方式看待问题。

请你做一做

　　要成为一个乐观的人，你要先学会主动发现生活中消极的惯性思维方式并改变它们。一位名叫马丁·塞利格曼的学者提出了三个消极思维的特点。

　　他把这三种思维特点概括成三个单词，或是三种特性：长久性（permanent），蔓延性（pervasive）和个人性（personal），即我们所说的"3P"。下面是对它们的解释。

1. 长久性。你觉得一切都不会改变，情况不会变得更好，明天依然会和今天一样。"我总是火气太大，我永远都是这样。"这就是一个长久性思维模式的例子。这种思维会像块巨石一样压在你的心上，你好像永远也翻不了身。

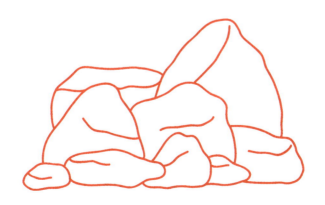

2. 蔓延性。你的坏情绪会蔓延到你生活的方方面面。如果一件事没做好，那么一切都被毁了。"踢球选队员的时候，他们最后才选我。没人想和我一起玩。"这种想法就是思维模式中蔓延性的体现，好像生活中一切都会受到坏事情的影响。你可以想象一盘烤焦的曲奇饼干把屋子里弄得满是焦味，久久不能散去的情景，甚至你的衣服上都弥漫着那股味道。蔓延性就是这种感觉。

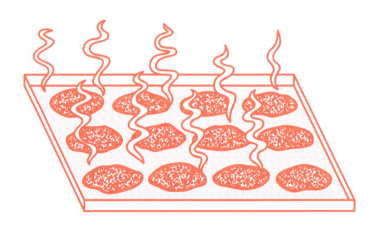

3. 个人性。都怪你，就是你的问题。你没有收到生日聚会的邀请，是因为你做错了事或者你不够讨人喜欢。"那些家伙在那儿'咬耳朵'，还往我这里看。他们肯定是在议论我。"我们个人的想法中常常有太多过度的猜测，这种猜测最终会伤害到自己。就像下图里看到的一样，个人性的思维让你把一切矛头都过多地指向自己，很多时候这种指责并不正确。

画线连接以下想法所体现出的思维特性：长久性、蔓延性、个人性。

朱莉讨厌我！她觉得我很糟糕！	长久性 蔓延性 个人性
我考砸了。这种数学题我永远都学不会。	长久性 蔓延性 个人性
我妈妈生我的气了。这个周末完蛋了。	长久性 蔓延性 个人性
老师取消了聚会。我们班太可怜了。	长久性 蔓延性 个人性

就我一个人考试没过。我肯定有问题。	长久性 蔓延性 个人性
我是我们班跑得最慢的。体育课跑步我永远都会是最后一名。	长久性 蔓延性 个人性

　　你可能觉得选起来有些困难，是吗？没关系，很多人都是这样。即使你选错了也没有关系。别忘了，我们的大脑在犯错和纠正的过程中可以学到更多东西。你的每一次纠错都能帮助你锻炼毅力。

再来做一做

　　既然你已经了解了"3P"是什么，我们来试试在生活中识别出它们吧。留心你脑海中出现的念头，看看能不能每天都找到一些符合这三个思维模式的例子。你可以用下面的表格来记录，或是在网站（http://www.newharbinger.com/45984）上下载电子版本。

　　你最好能找到一个大人帮助你完成记录，你可能也需要他们帮助你分辨你的思维模式到底属于哪一种。

日期	场景（发生什么事 造成了这个念头）	我的惯性思维 是什么？	长久性？ 蔓延性？ 个人性？

活动16
成长型思维模式

保罗和扎克都是很棒的孩子。他们都喜欢运动，都有姐姐，都喜欢在周末的时候玩电脑游戏。他们也知道自己很聪明，都希望能在考试中获得好成绩，以此来证明自己的能力。他们有很多共同点，但看问题的方式却很不同。

保罗没考好的时候，就会怪老师没把材料解释清楚，会埋怨坐在他旁边的孩子呼吸声音太大。他没有想过自己怎样能在下次考试中做得更好，只是希望老师下次可以解释得更清楚，同学可以别发出那么大的声音。

扎克没考好的时候，会检查自己哪里没做好。他觉得自己也许还不够努力，或是应该在没听懂老师上课内容时再追问一下。他又去找老师请教了一下他做错的题，以确认自己这次真的弄懂了。

你需要了解的

卡罗尔·德韦克是一位著名学者，她一直都在研究人们的"思维模式"。她发现了人们普遍具有的两种思维模式：固定型思维模式和成长型思维模式。

具有固定型思维模式的人相信自己的一切都是与生俱来的。正如有的人眼睛是棕色的，而有的人眼睛是蓝色的；有的人天生就聪明，而有的人则不那么聪明。上面说到的保罗就具有这样一种固定型思维模式，对不对？他似乎觉得要得到好成绩，和自己并没什么关系。一个人的能力水平，就像被挂上了一把锁，是固定的，没什么可以改变的。

扎克则更具有成长型思维模式。他知道有天赋当然再好不过，但却不是做好一件事的唯一条件。他把失败和犯错看成学习和进步的机会。他的思维模式是成长型的，就像一株每天都在成长的植物。

相信自己的努力可以改变结果的孩子，在碰到困难时更容易从容应对。为什么会这样呢？其实信念真的很重要。成长型思维模式可以让坚持变得更容易，正是因为你相信自己可以改变结果。

请你做一做

也许你现在还不具有成长型思维模式，但仍然可以试着学会培养这种能力。第一步需要做的就是了解成长型思维模式和固定型思维模式的区别。下面你会看到一些孩子的想法，请试着把具有固定型思维模式的想法画掉，并圈出具有成长型思维模式的想法。

我学不好数学。

我运动不行。

我可游不了泳。

只要我认真学，应该可以考好的。

如果我努力点，就可以做得更好。

我体操太差了。

再多练习练习吉他，我就能弹得更好了。

多尝试可以让我学到新的东西。

作业对我来说太难了。

如果我把这事分步完成也许就行了。

我不会做饭。

我要一直坚持下去，看看会怎么样。

和你的朋友或者身边的大人一起讨论一下你们的答案。如果有些选错了也没关系，交流可以让你更了解自己的思维模式。在这个过程中，你的毅力也会得到锻炼哦。

思维模式会改变

皮特的小弟弟汤米刚刚学会走路。他走得还不太稳，或者说大部分时候他都在摔跤。可汤米没有放弃，他一直在练习，现在越走越好了。

你需要了解的

随着年龄的增长，我们会越来越在意成功和失败。因为知道有失败的可能，我们会比小的时候更容易看到事情所包含的风险。这不是坏事，因为它可以帮我们规避风险。但有时候，这种谨慎也会成为一种障碍，我们会因为害怕失败而不愿意尝试。

成长型思维模式的意义在于，你知道获得成功必须得付出努力。

具有成长型思维的孩子更关注学习方式和锻炼大脑。当然这些孩子也会面临挫折和挑战。事实上，挫折是不可避免的，没有挫折就不会有进步，明白这一点正是获得成长型思维模式的一个重要部分。勇敢地面对挫折可以磨炼意志，而逃避挫折或是半途而废只会让你在固定型思维模式中越陷越深。

请你做一做

想象你正在学校参加一场很有难度的考试。你做了一半才意识到自己复习错了！这时你的脑海中会产生怎样的想法？试着在下面的气泡中写下你的想法。

和大部分人一样，你也许最先冒出来的想法就是固定型思维模式，比如："我做不了！老师上课都没教过！我要考砸了！"这种想法很正常，但只要你能意识到这些想法的坏处，你就可以着手改变了。

我们来试试把固定型思维转变为成长型思维。首先，你分清自己的思维模式是固定型思维还是成长型思维了吗？

___

如果是固定型思维，试着把它转变为成长型思维吧。在下面的气泡中写下你的新想法。

也不是很难，对不对？你已经迈出了获得成长型思维模式的第一步。

感恩生活中的美好

你需要了解的

一个会感恩的孩子会更快乐，他会满足于自己已经拥有的，而不是对没得到的东西耿耿于怀。这并不容易做到。我们的大脑总是喜欢让我们关注自己的欲望，而不是自己所拥有的。

要想学会感恩，就要先学会选择感恩。听上去有点绕是不是？感恩，就和毅力一样，是个人的选择。当你关注生活中的美好，留心自己的感受，认可旁人的善意时，你就迈出了选择感恩的第一步。

举个例子：你所在的足球队最终赢得了比赛，对这次获胜你心存感激。赢得比赛并不是上天给你们的礼物，而是全队努力的结果。

你要感谢守门员出色的防守，你要感谢队友在场上给你的传球，你要感谢爸爸和妹妹大声的喝彩——这真的让你士气高涨。

研究表明，我们感谢的东西越具体越能收到好的效果。如果你只是告诉自己"我很感激世界上的每一个人"——嗯，这个想法当然很好，但这只是一个"彩虹独角兽"式的想法，不是吗？可如果你告诉自己的是"我很感谢我的爸爸妈妈在睡前可以为我读我最喜欢的故事书"，会收到什么样的效果？看出区别了吗？这样的想法会更有意义——具体才是关键。

请你做一做

捕捉生活中每一个给我们带来欢乐、满足或某种积极情绪的时刻是培养感恩之心的好方法；而写下这些时刻则能让快乐加倍。

感恩日记是一个记录这些时刻的好办法，你可以把下面的表格抄在自己的日记本上，也可以在网站（http://www.newharbinger.com/45984）上获得电子版本。

尽量每天在固定的时间记录，这样有利于习惯的养成。也别忘了让你的记录更加具体。（例如，"我骑自行车下山的时候速度真快，太有趣了"就会比一句简单的"骑自行车"更有效果。）

感恩日记

*记录要具体

1 我今天要感恩的一个时刻是:

_____

_____

_____

2 我今天要感恩的一个经历是:

_____

_____

_____

3 我今天要感恩的一件事是:

_____

_____

_____

你可能要花上两三周的时间才能习惯使用感恩日记本，不过一旦你的注意力转到寻找值得感恩的事上，你的大脑会越来越多地关注生活中的美好时刻。

活动 19

你的鞋还是我的鞋？

　　莱利最喜欢的鞋是打棒球时穿的钉鞋。他喜欢穿着它走过停车场时发出的声音，也喜欢穿着它跑过草地的感觉。每次他把鞋子套到脚上，系上鞋带，就觉得自己仿佛成了一个运动员，高大强壮，充满自信。他会像一个运动员一样打量身边的一切，也会像运动员一样思考。

　　可穿上人字拖的时候，那感觉就有点不一样了。他不再觉得自信心爆棚，能量无限，不过那感觉也不算糟糕。他觉

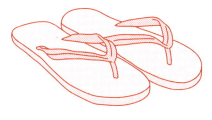

得很舒服、很放松，他喜欢鞋子拍击地面发出的"啪嗒啪嗒"的声音，而且，不要两秒钟的时间，他就能把鞋穿好。

你需要了解的

　　我们为什么要提到莱利的鞋？因为不同的鞋确实会带来不同的感受。如果他穿的是棒球钉鞋，我们看到的莱利就是穿着一身帅气队服的挺拔模样。如果他穿的是人字拖，眼前就会出现他在沙滩边散步的惬意模样。对莱利而言也是如此，他穿上棒球钉鞋，就会以运动员的方式看世界，这就是他的视角。视角是指我们采用什么角度来观察和感受周围的世界。

　　每个人都会有不同的视角。比如你在后院看到了一只松鼠，你肯定会感叹："那松鼠好可爱啊！"可你的妈妈就不一样了，她正在花园里做事，也许她会觉得："那松鼠太可怕了！它会把我的植物啃光的！"要是你的狗会说话，准保它的想法又不一样。它也许会盘算："我要抓住那只松鼠！"大家看到的是同一只松鼠，可各自的视角却不相同。

　　我们要意识到不同视角的存在，这非常重要。每个人都容易觉得，或者说都更愿意相信，别人的视角是错的，而自己的视角是正确的。确实有时候我们是正确的，但我们并不是一直正确。有时候，视角根本不存在对错。如果我们可以学会从别人的视角看问题，就会发现完全不一样的世界。

请你做一做

你有什么特别的鞋子吗？一双芭蕾舞鞋或是和莱利一样的运动鞋？也许你有一双只在重要场合穿的时髦的小皮鞋？或者一双世界上最柔软舒适的拖鞋？又或者是一双走起路来哒哒作响的高筒靴？找出这样的鞋，穿上它们，再走上几圈。

你选择的是什么鞋？ _____

为什么选这双鞋？ _____

穿上它让你看周围的一切产生了哪些不同？ _____

_____

穿上它让你感觉到了哪些不同？ _____

_____

你穿着它走路的时候想到了什么？ _____

_____

再来做一做

问问你的家人是不是也有这样的一双鞋，一双可以让他们产生不同感受、不同视角的鞋。请他们穿上这双鞋，并回答同样的问题。把他们的答案写在下面。

你选择的是什么鞋？ _____

为什么选这双鞋？ _____

穿上它让你看周围的一切产生了哪些不同？ _____

_____

穿上它让你感觉到了哪些不同？ _____

_____

你穿着它走路的时候想到了什么？ _____

_____

活动20

灯光！摄像！开拍！

你需要了解的

　　演员往往是最能理解视角的人，因为这是他们工作的一部分。他们扮演的角色是不同的人。要演好一个角色，演员必须了解这个角色的想法、观点、喜好，等等。只有会从角色的视角去揣摩的人，才能成为一个好演员。

　　回忆一下你最喜欢的演员，他（她）是不是只扮演过一个角色？应该不是。如果他们名气很大的话，常常会扮演很多不同的角色，在这部剧里是个坏蛋，换了一部剧他（她）就成了英雄。为了扮演好每个角色，演员都要花上好几周甚至好几个月揣摩角色的内心。

　　演员们都是怎样做到的呢？他们要做的就是努力从角色的视角

观察和思考，也就是穿上别人的鞋走路。他们一般会从下面三个步骤来做：

- 好奇。好奇是产生不同视角的最好动力。如果你对别人产生了兴趣，你就开始想要知道他们是如何生活的，他们有什么样的爱好和信仰，他们在特定场合下会有怎样的想法。你还有可能会好奇"她为什么要这么做呢？"或是"她在想什么呢？"，又或者你会想知道"她的爸爸妈妈是什么样的呢？"。

- 想象。想象可以让你在脑海中产生比眼睛所看到的更加丰满的形象。他（她）也许有妈妈，有一只狗，或是有一个姐姐；他们也许生活在饲养羊驼的农场里，或是在海上有一个船屋。当你开始想象这个人的一切生活细节时，这个角色就开始变得真实起来。

- 寻找共同之处。有时候演员并不喜欢自己的角色，或是无法与角色产生共鸣。碰上这种情况，他们就需要找到自己和角色的共同之处。看到不同总是更容易一些，但只有相似之处能让我们更好地理解不同的视角。你的角色也许和你一样喜欢果冻、冰淇淋或是橄榄，跟你喜欢一样的电视节目、书或是电影。找到并说出你和这个角色的共同之处，你就更容易体会他（她）的视角了。

请你做一做

你准备好成为演员了吗？我们将在一部想象的电影中为你提供一个虚构的角色。准备好了吗？

你今年十岁，出生在纽约。一岁大的时候，你们全家搬到了康涅狄格州的农场。你完全忘记了城市的样子，只知道自己喜欢乡村生活。你空余时间都会在户外玩耍。你的姐姐和妹妹是你最好的朋友，你们三个总是在一起玩。你的狗狗叫"淘气"，一直和你形影不离。你和父母住在一起，妈妈在当地学校当科学老师，爸爸是一名图书管理员。

开始之前，先问问自己：

1. 你对什么感到好奇？
2. 你对这个孩子的什么方面最感兴趣？
3. 你能想象出这个孩子的生活是什么样的吗？

下面是你的台词，试着以你扮演的角色的语气念出它们。

台词 1：“能搬回城里太让人激动了！我太想看看那些高楼，听听嘈杂的汽车声了。”

台词 2：“真不敢相信，我爸妈居然在一周内的每一天都给我报了不同的活动。”

台词 3：“我就是想出去玩，我想呼吸新鲜的空气，我也想我的狗狗‘淘气’了。”

怎么样？你会对角色的想法、感受和做法感到好奇吗？你能想象出他（她）的反应吗？在读台词的时候你注意到了什么？

_____

_____

_____

活动21

视角检查

　　凯拉有些累。她昨天晚上没睡好，早上醒来后心情很糟糕。她还想在床上多赖一会儿，可没能按时起床让爸爸妈妈很生气。妈妈不停地催促她，她却偏偏找不到想穿的那件衬衫。最后她在姐姐房间找到了自己的衬衫，姐姐居然问都不问一句就拿走了自己的衬衫！凯拉气坏了。等到她终于收拾好，准备出门的时候，已经很晚了，妈妈快要气疯了，她拉着凯拉冲出门，屋外正下着倾盆大雨。

　　凯拉迟到了，这已经够让她尴尬的。偏偏那天早上第一节是科学课，她打开文件夹才想起来作业忘放进来了。她感觉糟透了，跑到厕所里没人的地方偷偷哭了起来。

　　她心想："这太不公平了！我怎么这么倒霉！没一件事情是顺心的，这学期没准儿考试都会不及格。老师说不定会让我休息的时候补作业，她才不会相信我是真的做了作业呢！"对凯拉而言，这时候一切看上去都糟透了。

你需要了解的

每个人都会有跟凯拉相似的经历，那时我们会觉得自己快要崩溃了。生活很不如意，一切都像在和你对着干，让人感觉糟透了，你逐渐变得消沉，没精打采。随着这种坏情绪在你心里不断发酵，你眼中的"坏事"也在一点点被放大。

当我们情绪不好的时候，常常会觉得这种"糟糕"没有尽头。可事实并非如此，所有的情绪都是暂时的：你不可能永远快乐，同理，你也不可能永远都是坏心情。就像天气一样，当狂风大作、雷电轰鸣、黑云压顶的时候，一切都会变得灰暗阴沉，可它总会过去的，情绪也一样。

有时候，极端的情绪会影响我们的视野，也就是说，我们无法看到事物真实的样子。这时候，我们要学会再次打开视野，找到正确看待问题的方式。

正确看待问题意味着后退一步，以客观的态度看待事物——看到它们真实的样子。当然，心情不好时，换个角度看问题确实很难，你不妨试试一种叫做"视角检查"的方法，它能提醒你，雨过之后还会天晴，一切都会好起来的。

请你做一做

"视角检查"是指以更准确的方式看事物。你可以回忆一下，在过去的一周中，你是如何错误地看待事情的，比如：找不到作业就埋怨是狗把作业给吃了；不高兴吃晚饭就告诉爸爸，你压根不想碰食物，因为它们太难吃了。如果你一件事情也想不起来，不妨用凯拉的例子来练习一下，你认为她会怎么回答下面的问题？

- 两个小时以后，这个问题还很重要吗？
- 两天以后，这个问题还很重要吗？
- 为什么记住"情绪只是暂时的"这一点很重要？

你可以写下这些问题，并带在身边，这样不论是在家里、学校或是任何地方，你都可以经常进行"视角检查"。一旦察觉到坏情绪在作祟，很可能走极端的时候，不妨拿出这些问题问问自己。（你可以提醒自己：我的感觉并不一定真实，那么真实的情况是怎样的呢？）

刚开始你会觉得视角检查很难，但你得坚持下去，通过不断的练习，这个过程会越来越容易。大部分孩子在练习两三周之后，再遇到麻烦事时，就能运用自如了。一旦你养成视角检查的习惯，你的毅力值就可以得到提升，在遇到困难、萌生退意的时候学会坚持，这不正是毅力的关键吗？学会正确看待问题，你就能洞察到真实的情况，不再被自己的情绪套牢；你就能转换思路，调整心情，然后继续坚持下去。

再来做一做

给凯拉写几句话，让她的心情好一点。你可以试着想想，如果碰上困难的是你、一筹莫展的也是你的话，你希望得到怎样的安慰。

亲爱的凯拉：

活动22
问题在哪儿？

....

　　亚历克斯正在学习乘法表，他觉得很难，他怎么也记不住那些数字，他甚至开始害怕上数学课。每次背乘法表时，他都会躲到厕所里去，因为他不想让人看到自己那副费劲的模样。老师觉察到亚历克斯遇到了困难，就告诉他，如果需要帮助的话，可以随时来找她。但亚历克斯没去，他越来越焦虑。乘法口诀表测验的那天早上，他感觉肚子很疼，就请假在家休息。他想老师对他一定很失望，他也不敢告诉爸爸妈妈自己在数学课上遇到的困难，他觉得他们肯定会气疯的。

你需要了解的

和亚历克斯一样，我们都会碰上自己解决不了的问题，有的问题确实让人束手无策。遇到这种情况，有毅力的孩子都会试着先找出问题的关键。这个做法听上去很简单，其实不然，因为在很多情况下，问题常常不止一个。

请你做一做

亚历克斯遇到的问题到底是什么呢？请你帮他圈出合适的一个或者多个答案。

他记不住乘法口诀表。

他害怕数学。

他没有认真学习或是练习乘法口诀表。

他的老师对他很失望。

他的父母如果发现他的成绩这么差的话，会非常生气。

好的，我们已经找出了一个或多个问题。现在请回顾这些问题，然后根据解决的难易度，把问题从低到高排列。

只要找出了最简单的问题，你也就知道了最容易解决的问题。如果一个问题看起来完全无解，我们往往会想到退缩甚至放弃。但是，如果能换个角度，问题解决起来就会更容易。从最简单的问题入手，可以增强我们解决问题的信心。

举个例子，如果你很喜欢自己的老师，也许就会觉得"他的老师对他很失望"这个问题很难解决。而对那些不怎么喜欢自己老师的人来说，这个问题就没那么棘手。换句话说，你越在乎你的老师，就越害怕他们对你失去信心。

再来做一做

找出问题以后，下一步就是列计划了。亚历克斯的问题你会如何解决呢？

明确问题，计划得越具体越好。

明确界定问题，越具体越好。

解决方法有哪些？

你打算先用哪个方法？为什么？

你打算什么时候开始使用这个方法？多久用一次？

问题解决
计划表

·1·

明确界定问题，
越具体越好。

_____
_____
_____

·2·

解决方法有哪些？

_____
_____
_____

·3·

先用哪个方法？
为什么？

_____
_____
_____

·4·

什么时候开始使用这个方
法？多久用一次？

_____
_____
_____

活动23
健康生活，
你做到了吗？

　　杰克玩平板电脑玩到很晚才睡觉。第二天起床时，他感觉很疲劳，脾气也很暴躁。他胡乱扒拉了几口麦片，就没精打采地上了校车。那天在学校，杰克和朋友正在准备关于古希腊的汇报演讲，这时他的搭档犯了个错，你猜猜接下来发生了什么？没错，杰克的"火山"爆发了。他完全忘记了换位思考，直接骂搭档"蠢货"，然后也不管老师正上着课，就摔门冲了出去。

你需要了解的

想要培养自己的毅力，首先就要照顾好自己的身体和大脑。一颗种子要想茁壮成长，必须有肥沃的土壤、充足的阳光和足够的水源。你的毅力也是如此，健康的大脑和身体更有助于毅力的培养。如果你想增强毅力，请牢记以下三个健康法则：

- 睡眠（Sleep）：每天保证九到十个小时的睡眠时间。

- 运动（Exercise）：锻炼身体，这有助于大脑的有效运转。

- 健康饮食（Eating well）：保证新鲜水果、蔬菜以及蛋白质的摄入。

请你做一做

让我们试试用这个方法来帮助杰克吧。在下面的横线上写出你想告诉杰克的有关健康生活的建议吧（包括睡眠、运动、健康饮食三个方面）。

"杰克玩平板电脑玩到很晚才睡觉。"从这句话中你看出他有什么地方需要改进吗？

_____

_____

"第二天起床的时候他感觉很疲劳，脾气也很暴躁。他胡乱扒拉了几口麦片，就没精打采地上了校车。"从这句描述中你看出了什么问题？

_____

_____

无论是熬夜，还是使用电子设备，都不利于大脑和身体健康。这个年纪的孩子，每天需要至少九个小时的睡眠才能保持精力充沛。睡前使用电子产品是绝对不行的。科学家们发现，电子产品屏幕所产生的光线会引发各种问题，也会影响睡眠质量。此外，我们的大脑还得忙于处理从电子产品中获得的信息，这也会让我们无法进入睡眠状态。因此，睡前至少两个小时内都不应该使用电子产品。

还记得我们身体和大脑的能量来自哪里吗？是巧克力奇趣蛋吗？当然不是，身体和大脑最需要的能量来自高质量的健康食品，例如水果、蔬菜和各种蛋白质。

再来做一做

你想验证一下上面提到的方法吗？你想不想知道，健康的生活方式对情绪和毅力到底会产生多大的影响？用下面这张表格来记录一下吧。

从图表的记录中你发现了什么？我听说有个孩子记录了一周后，很惊讶地发现，每天锻炼确实会让人感觉更好。当然，每天重复同样的练习也让他觉得很枯燥，所以他也会尝试用其他方式代替锻炼，比如和爸爸一起散步遛狗，或是课间玩捉人游戏，都可以让他一整天心情愉悦，晚上睡得更香，他的毅力值也在提升。现在，他很享受这个过程。

日期	昨晚我睡了几个小时？	今天我运动了多久？	我今天吃水果、蔬菜、摄入重白质了吗？	我今天感觉如何？用数字1-10表示（1=很糟，10=非常棒）	我今天的毅力值是多少？用数字1-10表示（根据毅力计量仪记录）
星期一					
星期二					
星期三					
星期四					
星期五					
星期六					
星期天					

活动24
运动与毅力

你需要了解的

　　运动不仅有益于身体健康，也有利于大脑。它可以加速血液循环，让你心情愉悦，改善记忆力，甚至还可以让你在做题时效率更高。科学家发现，经常运动的孩子考试成绩更好，更有自信，同时也更快乐。

　　读到这儿，你是不是已经发现，运动和毅力之间的关系就像面包和黄油，真是一对好搭档。毅力的提高离不开我们的努力，而运动可以帮助增长毅力。努力需要能量的支撑，运动正好可以帮你获得这些能量，不管是对成人还是孩子，道理都是一样的。你知道吗？还有一些研究表明，锻炼也可以降低人们的焦虑水平。因此，对所有人而言（不仅是孩子），想要不畏困难，坚持不懈，就得让大脑处于最佳状态。身体强壮，大脑就更健康，毅力水平也会随之提高。

请你做一做

运动真的有利于改善情绪吗？我们来验证一下吧。

1. 使用情绪计量仪测试一下你现在的情绪值。

2. 定时 60 秒，做开合跳，数量越多越好。

3. 设置 15 秒的休息时间。

4. 再次进行 60 秒的开合跳。

5. 在第二轮开合跳后，再次快速测量一下你的情绪值。

情绪计量仪

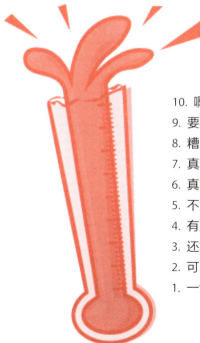

10. 啊啊啊啊啊！

9. 要疯了！

8. 糟透了！

7. 真糟糕！

6. 真不容易啊！

5. 不太好。

4. 有点不舒服。

3. 还算不错了。

2. 可以的，还挺好。

1. 一切都很好。

	按 1-10 计分（1= 普通，10= 最强）
开合跳之前的情绪值	
开合跳之后的情绪值	

这个小实验让你发现了什么？穿上你的实验专用白大褂记录一下吧。

实验记录

再来做一做

让我们再来做个实验，看看运动会怎样影响你的情绪和毅力水平。你可以找一个大人帮你计时，并完成以下的迷宫游戏。

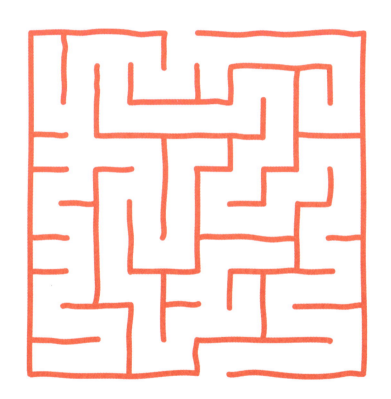

用了多久？记录一下吧：＿＿＿＿＿＿＿＿＿＿＿＿＿＿

现在，让大人帮你计时做 60 秒的开合跳，休息 15 秒，然后再来一轮 60 秒的开合跳。完成后请立即坐下并完成以下迷宫游戏。你同样可以请大人帮助你计时。

用了多久？记录一下吧：_____

做完开合跳后，你走完迷宫的速度应该有所提高，这是因为你大脑的工作效率得到了提升，所以解决问题的能力也更强了。是不是很棒？经常运动可以提升毅力，可你大概没想到，即使是短时间的运动也可以帮助大脑更高效地工作。当你的大脑全速运转时，不仅学习效率更高，你也会变得更冷静，更能正确地看待问题，当然也能更有效地解决问题。

活动25

充电！

夏洛特喜欢一天到晚忙忙碌碌的。她喜欢和朋友一起玩，喜欢参加运动队的户外训练，喜欢参加童子军活动，喜欢上画画课，喜欢在学校学习。这些都很棒，可夏洛特开始觉得有些疲劳。她很焦虑，也很烦躁，因为想把每样事情都做好真的很难。每天放学后都有一连串的活动等着她，周末她也总是忙得团团转。

夏洛特的妈妈建议她给自己安排一些空闲的时间。妈妈告诉她要学会放弃，才能从排得满满的日程表中挤出属于自己的轻松时光。夏洛特同意了，她试着减少自己的活动，她会和狗狗一起去户外玩耍，她会什么也不做只是躺在草坪上仰望天空——这感觉棒极了。她读自己想读的书，这也让她很快乐。她当然喜欢各种活动，但她知道，适当减少活动的数量可以让她有更多的时间恢复活力——也就是给自己充电。

你需要了解的

遇到困难时，想坚持下去就需要能量。我们已经知道充足的睡眠、健康的饮食和规律的运动可以给身体提供能量。可这并不是全部，放松和娱乐也可以为你充电。自得其乐的休闲时间可以提升你的毅力值，因为你的身心在这个过程中可以得到完全的放松。

窝在床上或者躺在沙发上也可以让你放松，不过我们还有其他办法。实际上，做"事"也可以让人放松，只不过这取决于那是什么"事"。很多孩子说，他们觉得玩电子游戏或者浏览视频可以让他们放松。这个观点听上去没错，但这种方式对锻炼毅力没有任何帮助。科学家们曾经对使用电子设备的孩子做过研究，结果发现，电子产品不仅不能让人放松，反而更容易让人没精神、烦躁、易怒，甚至造成注意力下降。

科学家们还指出，户外活动是一种很好的充电方式，大自然也可以减轻孩子们的焦虑感。多花点时间在户外玩耍吧——游乐场也好，公园也好，哪怕是家里的后院，都可以帮助你放松下来。

请你做一做

以下是很多孩子喜欢的放松和充电方式：

玩呼啦圈	演奏乐器
画画	安静独处
冥想	阅读
听音乐	投篮
唱歌	骑自行车
跑步	跳舞
玩滑板	和朋友玩
做手工	随便干点什么有趣的事

这里有没有漏掉什么？你也可以写下你的"充电"方法。

_____

_____

_____

你最喜欢的三种"充电"方法是什么？写下来吧。

1. _____
2. _____
3. _____

写下你打算用来"充电"的时间：_____

如果你觉得焦虑，却没法找到这样的"充电"时间，也可以试着跟父母聊一聊，看他们能不能帮你在紧张的日程中找出一些空档来。

这想法听上去有些傻是吗？我们完全能理解，有时候想要挤出点放松的时间确实挺难。或许你也可以请你的父母和你一起"充电"。（你的父母也有这个需求，大部分的父母都需要。）

再来做一做

你的"电量"有多少？有时候你的电量已经开始下降了，可你却没注意到。有趣的是，我们对电子产品的电量倒是更清楚些。用下面这张表格来记录你本周的电量吧。和父母一起完成这个活动会很有趣。你可以随意写下一些句子来记录你的电量变化。

· 电 量 ·

 能给我
充电的事

:)

 会消耗
电量的事

:(

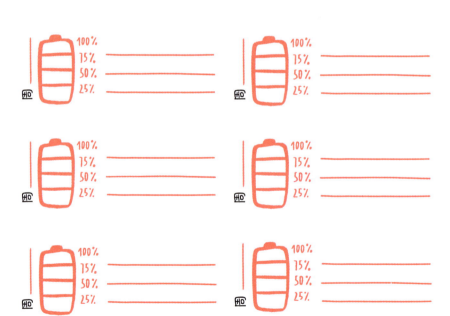

活动26
为自己调音

路易斯学拉大提琴非常认真。他每天都练习，有时一练就是一个小时。每次练习都是从调音开始的，这样才能保证拉出的声音没有问题。如果音调太高了，他就得调低一点；如果音听起来不对头，他就得仔细听音，调整琴弦的松紧。要是没有调音，直接开始练习，调子听上去就会很奇怪，整首曲子就都给毁了。所以调音是演奏的第一步。

你需要了解的

"沉浸式冥想"练习的作用就如同路易斯给大提琴调音，它可以帮助大脑更好地工作。这个练习方法需要你高度集中注意力，全身心地投入。在这个过程中，你会更关注此时此刻你正在做的事，就好像周围的一切都按下了"暂停"键，那一刻你完全沉浸在自己的世界中。

孩子们一天要做的事很多：上学、做作业、做家务——这还没算上他们要参加的课外活动！"沉浸式冥想"练习能让你把注意力集中在最重要的事上，也可以帮你锻炼毅力，因为你不会再被已经发生的或是尚未发生的事困扰，你所关注的是此时此刻正在做的事。

这个方法并不是让你回避问题，也不是让你忽视自己的感受，相反，它能让你学会勇敢地直面问题。

请你做一做

"沉浸"是指沉浸于自己的感知中。"沉浸"的方法可以让人感受到事物的本质。我们不妨一起试一试。

首先，请起立，定时 20 秒钟，高兴想什么就想什么，比如学校、朋友或天气，随便什么都行。20 秒结束后，请回答以下问题。

你感觉如何？ _____

_____

你想了什么？ _____

_____

这个过程你觉得放松吗？请圈出答案：

有一点放松　　　　　　一般放松　　　　　　非常放松

现在我们再重复以上实验，但这次请用"沉浸"的方式来做。定时 20 秒，挺直腰背站好，双脚紧贴地面，试着用脚感觉地面，让脚的每一寸都和地面均匀接触。关注你的呼吸、你腿上的力量以及胳膊的所有动作。当你的思绪开始飘向其他的事情时——不管是过去的还是将来的，都立刻把它们拉回到当下来，注意力集中到你的脚部、上肢、腿部以及呼吸上。留心你在这个过程中的感受，并回答以下问题。

你的感觉如何？ _____

_____

你想到了什么？ _____

_____

这个过程你觉得放松吗？请圈出答案：

有一点放松　　　　　一般放松　　　　　非常放松

第二次的练习是不是让你感觉更放松一些？如果这时旁边有人的话，他可能会觉得你两次做的事是一样的。从表面来看，它们确实都差不多，但本质上却很不同。

你随时都可以使用"沉浸式冥想"这个方法。当你觉得压力太大、近乎崩溃时，不妨试试"沉浸式冥想"，它能很好地让你的身心重获平静。

活动27
"扎根"练习

梅西在压力大或者事情太多的时候就很难专注。她会变得易怒，无法控制自己的情绪。梅西也想锻炼自己的毅力，只是事情一多起来，她就容易分心，脑袋也一片混乱，因而也无法专注于锻炼毅力。她得找到方法，这样身心才能在繁忙中归于平静。

你需要了解的

梅西这时候需要"扎根"练习。你可以想象一棵苍天大树是如何牢牢地矗立在大地上，它的根探进土层的最深处，它的枝干强壮而稳固。在"扎根"练习中，我们得像一棵大树一样，不论面对怎样猛烈的疾风骤雨，仍然能稳如泰山。这是个小技巧，却自有大用处。一起来试试吧！

请你做一做

五感法是一种很好的"扎根"练习，你可以随时随地使用这个方法，帮助自己重获心灵上的平静，而周围的人甚至都不会注意到你在做练习。你要做的只是利用几分钟的时间，把注意力放到自己的五感上来。

在练习开始前，深呼吸五次，鼻子吸气，嘴巴吐气。（还记得杏仁核安妮吗？这个步骤可以让她安静下来，为下一步的练习做好准备。）

1. 用味觉感受身边的一样东西，最好是关注嘴里已有的味道。你还能品出早上刷牙后牙膏留下的味道吗？

2. 用嗅觉感受身边的两样东西。你可能会嗅到双手用过香皂后留下的味道，也可能会嗅到水杯散发出的金属气味。动作轻一点，这样就不会有人注意到你。

3. 用听觉感受身边的三样东西。当你把注意力转移到听觉上来的时候，你会发现空调正呼呼作响，笔在纸上发出沙沙的声音，键盘的敲击声噼里啪啦。试着找出三种这样的声音。

4. 用触觉感受身边的四样东西，留心它们的质感。你可能会注意到屁股底下椅子光滑的表面，头发的质感，身上衬衫柔软的布料，或是手中铅笔带棱的边缘。任何你能摸到的东西都可以，但一定记得体会自己摸上去的感觉。

5. 关注并说出五样你身边的东西（在大脑中进行就可以了）——屋外的树、桌上的铅笔、书架上的书、地上的发带或是面前书桌的条纹，都可以。看见什么就说什么也行。

当你的大脑处于混乱状态时，使用自己的五感去体会身边的一切，你就可以重获内心的平静，掌控自己的情绪。

活动28
大自然的力量

亨利放学后不能出去玩，他的父母都没回来，只有等爸爸妈妈到家了，他才能出去。但亨利学会了在脑海中想象自己在外面玩的画面。"我正在后院里，"他闭上眼睛想象着，"那儿有一棵大树，我不知道那是什么树，但树皮是棕色的，叶子有扇子那么大。当我倚着它的时候，我感觉到树干强壮而牢固。我喜欢倚着树干席地而坐的感觉，很舒服，让人觉得很安全。坐在树底下，我感觉一切似乎都更宁静了。土地松软，树干粗壮，树叶的影子落在地上，投下一片树荫，我喜欢听小鸟啁啾，运气好的时候还能听到蟋蟀的歌声。"

你需要了解的

越来越多的研究表明，户外活动有助于人们保持心情愉悦，重新焕发精神。有些人觉得，在大自然中待上一段时间后，心率会下降，呼吸也更缓慢、更沉稳。大自然似乎能重置我们的压力值，一旦压力得到有效缓解，我们就有更多的精力去锻炼毅力了。

科学家发现，接触大自然可以平复心情。在一个绿色空间（例如公园、森林等）中只要待上 20 分钟的时间，人的压力值就会明显下降，幸福感也会提升。远离电子产品和呼吸新鲜空气可以带来更好的状态，这似乎是由人类的基因决定的。甚至有研究表明，户外时间可以提升一个人各方面的表现。

日本有一种叫做"森林沐浴"的运动。不，不是真的让你到森林里洗澡！而是走进森林，"沐浴"在美丽的自然景色中——树木、绿叶、青草，大自然的天籁之音和动人的芬芳——享受自然赐予我们的一切。沉浸其中，人的五感仿佛得到了一次大自然的洗礼。

请你做一做

住在乡村的人想接触自然非常方便，而对于城市中的人来说，在自然中"沐浴"就没那么容易了，但也并不是不可能，城市里也有公园、草地和树木。在下面的方框中，画出你家附近可以给你"充电"的自然场所吧，最喜欢的树木，树荫下的长椅，可以坐在上面看书的草地，都行。

你喜欢的树上也许有个秋千或是树屋，可以让你忘记烦恼；树荫下的长椅也许就在一个鲜花盛开的公园旁边，你可以闻着花香，

听着鸟鸣，看着小松鼠在树上嬉戏。只要你觉得可以给你"充电"的东西，都可以画在下面。

再来做一做

你喜欢度假吗？你最喜欢去哪儿？湖边、山区、宿营地或是海滩？度假是个给自己"充电"的好办法，可谁有那么多时间呢？要是我说，你随时都能去度假，你高兴吗？下面我给你介绍一个叫做"三分钟假期"的练习，只要带上脑袋，我们就可以出发。你准备好了吗？

开始的几次练习，你最好找一个人为你朗读下面这段话。实在找不到人也没有关系。你可以先自己读，再在脑海中形成画面；或者你也可以先朗读一遍，录下来，然后再播放。只有开头几次需要这样操作，练习过几次之后，你就不需要任何帮助了。

请闭上你的双眼，用鼻子吸气，嘴巴呼气，缓慢地深呼吸三次。在这个过程中，把注意力转移到你的身体上，你的肌肉开始放松，你的身体开始感到沉重而平静，心中不断地告诉自己："我很平静，我很放松。"重复两到三次。

想象你现在正沿着小路走向一个大门，大门的旁边围着一圈坚固的围墙，你只要把手掌按在门锁上，就可以打开大门。你可以感觉到手掌碰到了冰凉的铁锁。

跨进大门，你到达了心中理想的度假地。关上身后的门，环顾四周，一切都是你喜欢的样子，你可以用五感来感知它们、描述它们。

你看见了什么？从上到下，从左到右。你喜欢的东西都在那里吗？有树吗？有蝴蝶吗？有没有沙滩、海浪或是散落在地上的贝壳？是不是有一艘小船在湖面漂荡？天上飘着一团团的白云，鸟儿在树枝上跳跃。

你感觉温度如何？是凉风习习还是暖风拂面？空气是干燥还是潮湿？你穿的是什么？是的，在这个环境中，你的穿着让你感到非常舒适。

闻到什么味道了吗？是海水的咸味还是松树的清香？或是食物散发出的诱人香气？

现在弯下腰来抚摸你脚下的土地，是干爽粗糙的岩石还是松软葱郁的草地？或是温暖的浅色沙滩？

你能听到什么声音吗？流水潺潺、孩童的嬉闹声，还是海鸥的鸣叫？

谁和你在一起？这是属于你的三分钟假期，你一定得带上你喜欢的人。也许你的家人正围坐在你身边，他们和你一起谈话说笑；也许你的朋友正和你一起在户外追逐嬉戏；也许你正和狗狗一起散步，或是骑着你心爱的小马。

如果你觉得差不多了，请回到刚才进来的大门那里，走出去，并轻轻关上身后的门。你已经来过这个地方，你还可以故地重游，随时都能拥有属于你的三分钟假期。

　　是不是感觉放松多了？希望这个练习可以帮助你缓解压力，恢复平静。在有的情况下，我们并不能真的离开座位，来到户外，坐到大树下，但我们可以在脑海中想象自己进入自然的场景。这是一个释放压力、补充动力的方法，最棒的是，你不需要机票，不需要父母同意，什么都不需要。只要你习惯了在脑海中构建出一个安全宁静的场所，就可以随时随地给心灵放个假。

坚持练习！

○ ○ ○ ○

接下来需要做的就是把这些学到的技巧运用到你的实际生活中。让我们一起来回顾下学过的方法：

毅力锻炼清单

1. 留心生活中表现出来的毅力。

2. 大脑反应过激的时候，帮助它冷静下来。

3. 了解大脑是改变的第一步。

4. 识别情绪，控制情绪。

5. 发现思维陷阱，转变思维模式。

6. 与自我对话。

7. 用"魔语"给自己鼓劲。

8. 认识思维的"3P"陷阱。

9. 用成长型思维帮助你成长。

10. 学会感恩。

11. 检查你的视角。

12. 换个角度看问题。

13. 找出真正的问题。

14. 保证充足睡眠、适度锻炼和健康饮食。

15. 给自己放个假。

16. 利用"扎根"练习法和"沉浸式冥想"帮助锻炼毅力。

这些技巧需要勤加练习，你的毅力值才能获得显著提升。你可以在网站（http://www.newharbinger.com/45984）上获得该清单的电子版。把它们打印出来，贴在卧室柜门上、厕所镜子上或者其他一眼就能看到的地方，这样你就可以提醒自己经常练习了。

祝贺你！你已经努力锻炼了你的毅力。登录网站（http://www.newharbinger.com/45984），你可以下载下面这个证书的副本来庆祝你的努力。这本练习手册是锻炼毅力的第一步！

请沿此虚线剪下

毅力证书

获得者：

祝贺你锻炼了自己的毅力！

继续坚持吧！

颁发者：

艾丽莎·尼博森

《给孩子的毅力培养手册》作者

GRITTY KID!

致 谢

○   ○

感谢简·阿农吉亚塔博士，是她提出要为孩子们创作一本可操作的培养毅力的手册。为了写好这本教会孩子们如何在逆境中成长的手册，我和简花了很多时间思索有哪些创造性的方法，并记录下这些方法，这本书是我们共同努力的结晶。简的想法贯穿了这本书的始终，她的智慧以及她对我的引导像一束光，一直在照耀着我。

阿里·哈姆达尼为本书绘制了插图。他不仅是一位出色的艺术家，也是一位耐心细致的伙伴。波琳娜·齐米娜绘制了本书中的表格，非常感谢她精美的设计，让这些表格看上去生动活泼。同时感谢史蒂芬妮·塞蒂亚万帮助完成了部分网上表格资源的绘制，她是一位名副其实的艺术家，不仅有专业水准，也极具天分。

图书在版编目（CIP）数据

给孩子的毅力培养手册 : 帮助孩子培养成长型思
维和提高抗压能力 / （美）艾丽莎·尼博森著 ; 薛玮译
. -- 长沙 : 湖南教育出版社，2022.2
书名原文 : The Grit Workbook for Kids：CBT
Skills to Help Kids Cultivate a Growth Mindset &
Build Resilience
ISBN 978-7-5539-8363-9

Ⅰ.①给… Ⅱ.①艾… ②薛… Ⅲ.①儿童教育—家
庭教育—手册 Ⅳ.① G782-62

中国版本图书馆 CIP 数据核字（2021）第 263003 号

THE GRIT WORKBOOK FOR KIDS
by ELISA NEBOLSINE, LCSW
Copyright©
This edition arranged with NEW HARBINGER PUBLICATION
through Big Apple Agency, Inc., Labuan, Malaysia.
Simplified Chinese edition copyright:
2021 Beijing Green Beans Book Co., Ltd.
All rights reserved.

湖南省版权局著作权合同登记图字: 18-2021-258

Gei Haizi de Yili Peiyang Shouce

书　　名	给孩子的毅力培养手册
责任编辑	曾　恺
特约编辑	陈朝阳
出版发行	湖南教育出版社（长沙市韶山北路 443 号）
网　　址	www.hneph.com
微信号	湖南教育出版社
客　　服	0731-85486979
经　　销	新华书店
印刷装订	河北鹏润印刷有限公司
开　　本	710mm×1000mm 16 开
印　　张	9.5
字　　数	75 000
版　　次	2022 年 2 月第 1 版
印　　次	2022 年 2 月第 1 次印刷
书　　号	ISBN 978-7-5539-8363-9
定　　价	49.80 元